海南省博物馆藏紫砂壶鉴赏

何凡子◎著

海南出版社
HAINAN PUBLISHING HOUSE

图书在版编目（CIP）数据

海南省博物馆藏紫砂壶鉴赏 / 何凡予著 . -- 海口：海南出版社，2017.10

ISBN 978-7-5443-7548-1

Ⅰ．①海… Ⅱ．①何… Ⅲ．①紫砂陶－陶瓷茶具－鉴赏－中国 Ⅳ．① K876.3

中国版本图书馆 CIP 数据核字（2017）第 237973 号

海南省博物馆藏紫砂壶鉴赏

作　　者：何凡予
摄　　影：何凡予　邱宏鉴
监　　制：冉子健
责任编辑：孙　芳
执行编辑：张　雪
责任印制：杨　程
印刷装订：三河市祥达印刷包装有限公司
读者服务：蔡爱霞　郄亚楠
出版发行：海南出版社
总社地址：海口市金盘开发区建设三横路 2 号　邮编：570216
北京地址：北京市朝阳区红军营南路 15 号瑞普大厦 C 座 1802 室
电话：0898-66830929　010-64828814-602
E-mail：hnbook@263.net
经销：全国新华书店经销
出版日期：2017 年 10 月第 1 版　2017 年 10 月第 1 次印刷
开　　本：787mm × 1092mm　1/16
印　　张：17.25
字　　数：290 千
书　　号：ISBN 978-7-5443-7548-1
定　　价：198.00 元

目录

〔第一部分〕

紫砂壶文化探源

摄影◎何凡予

中国茶文化探源

茶是中国对人类文明所作的重要贡献之一。中国是茶树的原产地，是最早发现和利用茶叶的国家。茶业始于茶的饮用。几千年来，随着饮茶不断深入百姓生活，由茶派生的茶文化同样绵延不绝。随时代发展，茶与各类文化人物结缘，茶文化由此展开。茶的利用和发展，经历了药用、食用、饮用等发展过程，大致可分为七个发展阶段：

从生煮羹饮到晒干收藏；

从蒸青造型到龙团凤饼茶；

从团饼茶到散叶茶；

从蒸青到炒青茶；

从绿茶发展到其他茶；

从素茶到花香茶；

茶叶饮料的制造与发展等。

不同茶类的创制，以及饮茶方式的改变，促使茶具也随之发生变化。茶文化是茶在被使用过程中所产生的文化和社会现象，是以茶叶为载体，以茶的品饮活动为中心内容，展示生活情趣、审美取向、民族风情、道德精神和价值观念的大众生活文化。

中国茶文化的起源

茶最早作为药用植物使用时，西汉司马相如所撰《凡将篇》中已有茶叶入药的记载。秦汉时期的《礼记·地官》有“掌茶”“聚茶”以供祭祀的记载。成书于东汉的《神农本草经》载：“神农尝百草，日遇七十二毒，得茶而解之”。

被后世尊为茶圣的唐朝学者陆羽也在《茶经》写道：“茶之为饮，发乎神农氏”。相传五千年前，神农氏尝遍百草，寻找治病草药，帮助民众解除疾苦。他尝过七十二种有毒草药后，身中剧毒，后来吃了一种叫茶的植物，才解毒获救。那时起，茶作为药物被人们知晓并推广。

茶的饮用起源于中国西南地区的古巴蜀一带。至迟在周代已利用茶，并作为贡品。现在最早的一部地方志，晋常璩的《华阳国志》有相应的记载。春秋战国时期，茶是非常名贵的饮品。由于生产力低下，产量极少，仅有少数人能够享用。秦统一中国后，随着经济文化的交流，茶逐渐向中原地区传播。在茶字正式确定之前，茶有“槚”“荈”“蔎”“茗”“荼”等古名称。从秦到三国的四百余年里，饮茶逐渐在上流社会中流行，西汉著名的辞赋家王褒在《僮约》中有提到：“烹茶尽具”和“武阳买茶”。

当时王褒制订的雇佣契约，为后世茶的起源与发展提供了有力的考证依据。从两项条款我们可以看出茶在西汉已经是较为普通的日常用消费品了，1973 年出土的长沙马王堆汉墓中有“茶陵”封泥印鉴，还有“槚笥”的竹简、木牍和包装。

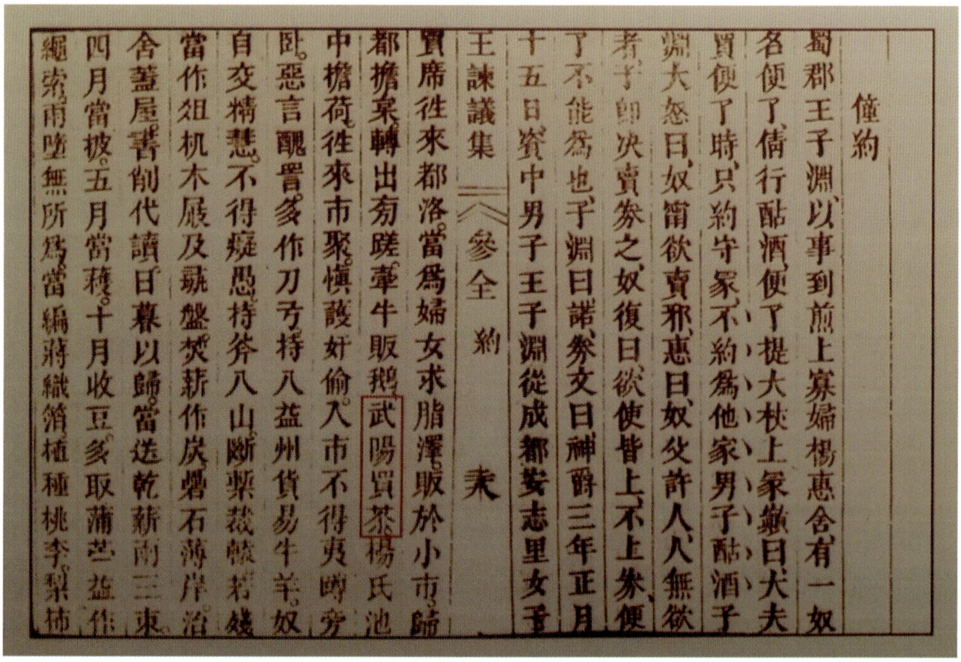
僮約
蜀郡王子淵以事到煎上寡婦楊惠舍有一奴
名便了倩行酤酒便了提大杖上冢巔曰大夫
買便了時只約守冢不約爲他家男子酤酒子
淵大怒曰奴寧欲賣邪惠曰奴父許人人無欲
者子即決賣券之奴復曰欲使皆上不上券便
了不能爲也子淵曰諾券文曰神爵三年正月
十五日資中男子王子淵從成都安志里女子
王諫議集　三　參全約　末
買席往來都洛當爲婦女求脂澤販於小市歸
都擔枲轉出旁蹉牽牛販鵝武陽買茶楊氏池
中擔荷往來市聚慎護奸偷入市不得夷蹲旁
臥惡言醜詈多作刀弓持入益州貨易牛羊奴
自交精慧不得癡愚持斧入山斷輮裁轅若殘
當作俎机木屐及彘盤焚薪作炭礨石薄岸治
舍蓋屋書削代讀日暮以歸當送乾薪兩三束
四月當披五月當穫十月收豆多取蒲苎益作
繩索雨墮無所爲當編蔣織箔植種桃李梨柿

西汉川人王褒的文书《僮约》

东汉华佗在《食经》中记载："苦茶久食，益意思"。意思是茶味道入口较苦涩，嚼后才能慢慢品出茶香。浙江湖州一座东汉晚期墓出土了一只完整的青瓷瓮，肩部刻有一"茶"字，可知长江中下游地区在当时已经出现了茶。太湖之滨是古时名茶"阳羡茶"的产地。随着社会进步和经济发展，茶的饮用方式不断发展。由最初直接含嚼茶树鲜叶到用水煮，宋朝发明了繁褥的点茶法，明朝出现的冲泡法一直延续至今。

魏晋南北朝时期是我国茶文化的形成时期，南北经济、文化交流及融合促进饮茶进一步向北推进。三国魏张揖《广雅》记载"荆、巴间采叶作饼，叶老者，饼成以米膏出之。欲煮茗饮，先炙令赤色，捣末置瓷器中，以汤浇覆之，用葱、姜、橘子芼之"。这种茶饼的加工方法及煮饮方法在三国时期已形成。至唐、宋时期，仍以饼茶制作为主流，只是加工方法更为精细，煮饮方式更为讲究。

在南朝，茶成了日常生活用品。在《南齐书·武帝纪》中记载："齐武帝萧颐在遗嘱中吩咐后人：灵座上慎勿以牲为祭，但设饼果、茶饮、干饭、酒脯而已"。据宋代叶廷珪撰的类书《海录碎事》记载：晋朝官员王濛，字仲祖，担任朝廷司徒长史。他喜饮茶，每次客人来访，他都以茶相待。但客人都觉得茶味苦涩。后来拜访的人去见王濛时就会想起苦涩的茶，他们玩笑道：今天又要发水灾了。可见，饮茶在当时文人士大夫的生活中已经出现并开始流行。

隋文帝统一天下，饮茶之风俗得以南北交融，黄河流域的茶饮也得到了发展。青瓷茶具是隋代瓷茶具的主流，也有白瓷瓷器可作为茶具之用。

饮茶成一种文化，也有悠久历史。自汉代开始，饮茶日渐形成一种风尚，丰富着人们的精神生活，被赋予了精神色彩。东汉时期崇尚节俭之风，为饮茶文化发展提供了良好氛围。魏晋以后，上层社会享乐的欲望膨胀，这时，部分士大夫为表明自己的高尚气节，用品茗代替饮酒，希望社会风气能够得到改变。

据《晋中兴书》记载：当时担任吴兴太守的陆纳，为人节俭清廉。有一天卫将军谢安约好了来访，陆纳的侄子陆椒看到叔父没有专门准备宴席心里有点责备，又不好明说什么，于是陆椒自己私下备了十多个人吃的美味佳肴。谢安来了，陆纳只是拿出茶和简单的果品招待，而陆椒则接着摆出预备好的酒菜。等谢安离去后，陆纳命下人打了陆椒四十大板，生气道：你不能为叔父增光，为什么还要玷污我节俭清廉的声誉呢？

宋代铁茶碾

茶进入上层社会和文人雅士的生活，他们以茶待客，以茶明志，以茶砥行。

茶文化真正被深入研究并且形成文化则是唐朝开始。唐朝学者陆羽编撰了《茶经》，这是世上最早的关于茶的专著。书分十个章节：一之源；二之具；三之造；四之器；五之煮；六之饮；七之事；八之出；九之就；十之图。宋代诗人梅尧臣诗云："自从陆羽生人间，人间相学事春茶"。茶文化在中国文化中开始了自己的篇章。

隋唐时期，饮茶风尚已经普及到了民间。当时的饮茶方法沿袭前朝的煮茶法，又产生了泡茶法和煎茶法，且以煎茶法为主流。唐朝的茶类以团饼茶为主，也有少量粗茶、散茶和米茶。

饮用饼茶之法是磨碎了煮饮。所煮出的茶汤为浅黄色，因青瓷茶具益于观汤色，倍受推崇。在陆羽《茶经·四之器》中有："邢瓷白而茶色丹，越瓷青而茶色绿，邢不如越"的记载。

唐朝经济发展，政治昌明，科举制度广纳贤才，在这种开放的环境里，各种学术思想都得到了空前的发展。茶对于唐朝人不仅仅意味着一杯清饮，还意味着贸易和税收，茶与社会物质文化有了广泛的联系。

"自从陆羽生人间，人间相学事新茶"。中唐时期陆羽《茶经》的出现将茶文化推向一个新的高度。陆羽《茶经》认为茶性俭而寒，意味着清净节俭的精神和人格，无欲无求，超脱世外。在唐朝开元盛世后，文人士大夫也往往以一杯清茶聊以自慰，在茶的精神世界里找到宁静与和谐。有人用酒麻醉自己，有人在茶的境界里认识自己。

唐代饮茶之风大兴的另一个重要原因，是由于朝廷贡茶的出现。唐代贡茶分为两类：一类是专设官焙制造，唐代官焙有湖州紫笋茶，宜兴阳羡茶。卢仝有“天子未尝阳羡茶，百草未敢先开花”的诗句。另一是土贡。规定凡是有名的茶叶产区，几无例外都要以茶进贡。

河北宣化辽代墓壁画中的备茶图

宋徽宗赵佶著有《大观茶论》一书，由于最高统治者的介入，使得宋代茶和茶文化的发展有了更深的政治背景。宋代饮茶成为风雅之事。宋代茶叶多制成半发酵的饼茶，饮用时把茶碾成细末，或煮饮及点茶冲饮。

宋代以工艺精湛的贡茶——龙凤团茶达到了饼茶生产的最高成就。这种团茶价格昂贵，反映了茶不仅具有饮用功能，还能够满足心理上的精神需求。宋宫廷有专门茶宴，饮茶增加了些许繁文缛节。当时民间流行斗茶，茶是一种娱乐文化节目。不管社会风气如何变化，茶在宋人生活中占据着重要位置。茶是每家不可或缺的饮品。茶文化兴于唐而成于宋，茶馆的兴起就是证明。宋人在街上随便都能找家店铺，点上一壶清茶，在茶馆里谈天说地，享受生活。宋太祖赵匡胤嗜茶，宫廷里茶风兴起。

斗茶又称“茗战”“斗茗”“点茶”“点试”等。最早流行于福建建安一带。北宋时斗茶蔚然成风，从帝王到百姓，无不对此兴致盎然。斗茶时，以茶色白，咬盏时间持久者为佳，因黑釉茶盏最便于观察茶色和水痕而备受推崇。福建建窑、江西吉州窑创制的兔毫纹、油滴釉、玳瑁纹、鹧鸪斑、木叶纹、剪纸贴花等黑釉茶盏最受欢迎。流风所至，宋代各地窑场生产黑瓷相对较多。宋代点茶的汤瓶为适应点茶之需，壶流由唐代的挺直且短粗，改为弯曲细长，流嘴也小巧收紧，兼顾了实用功能和艺术审美。

茶文化发展还与佛教传播有关。佛教禅宗主张修习“禅定”，令心专注于某一对象，而达于不散乱之状态。这种修习方式既不能休息又不能吃东西，普通僧人较难坚持，这时茶进入了他们的生活。茶既能解渴又能提神，饮茶成了僧人修习的辅助手段。宋朝名僧圆悟克勤禅师提出的“禅茶一味”就蕴含着生活中处处是修行的道理。

元代茶类以散茶、末茶为主，饮茶方法采用点茶法、泡茶法，更多用沸水直接冲泡散茶。元初，开始饮用散茶，先将散茶碾成末，再冲泡饮用；元后期，点茶的工具逐渐消亡，如茶碾等。元代景德镇创烧了青花瓷器，青花茶具颇受人们喜爱，在瓷质茶具中，江西景德镇窑和浙江龙泉窑烧制的主要有执壶、碗、盏、盏托等，茶盏是元朝代表性茶具。茶壶的变化主要在于壶的流，宋代的流多在肩部，元代移至腹部。蒙古人性格豪爽，喜欢饮酒，执壶多为金属制品，也常被当成酒具。盏、大碗等器具也是混用的。元朝不再流行煮茶法，点茶法仍然盛行，但“烹茶芽”的煎茶方式日渐兴起。

明代是茶文化发展的关键时期，散茶生产更为普遍，因饼茶耗时费工，水浸和榨汁使茶香茶味受损等进一步为人们所认识，明洪武二十四年（1391年）明太祖朱元璋下诏废贡团茶，改贡叶茶（散茶）：“……罢造龙团，惟采茶芽以进，其品有四，曰探春、先春、次春、紫笋……”。自此，饼茶日趋衰落，蒸青散叶茶盛行。明代炒青制茶法也趋于成熟，制成的炒青茶也叫散叶茶。饮茶方式以“撮泡”散茶最为流行，品茶艺术产生了划时代的变化，促进中国茶具的成熟并基本定型。

明时我国封建社会迎来仁宣之治，社会经济繁荣发展。由于茶饮用方式变化，饮茶用具也随之改变，紫砂茶壶脱颖而出。明中后期，唐时就生产阳羡贡茶的宜兴所产紫砂壶的宜茶特性更加为茶人所认识，受到文人士大夫珍视。一系列紫砂制壶名家受社会文化影响，设计制作了很多经典紫砂壶。

明代文人对茶文化的发展发挥了重要作用。如唐寅、文徵明等文人淡泊仕途，经常以茶喻人，以茶聚会，形成了明朝独具特色的“文士茶”。他们常以茶会的形式，寄情于山水园林之中品茶聚会。茶会是以饮茶为主体的一种聚会形式，茶会取代了宋时的茶馆，茶文化走向雅致化。文人茶会脱离了一般庶民的社会生活，逐渐产生排他性，注重以精神享受为主的饮茶文化。

明代茶具推崇古朴淡雅，迎合当时文人学士的审美取向。当时江西景德镇的白瓷茶具和青花瓷茶具、江苏宜兴的紫砂茶具等均有了重大发展，茶具色泽、造型、品种、式样等日趋丰富，出现了“景瓷宜陶”相互争锋局面。

清代是少数民族入主中原的王朝，清朝历代皇帝都嗜茶，宫庭饮茶之风盛行，宫庭内务府设有“御茶房”。清宫还设有茶库，每年收取进贡名茶30多种，每种各数瓶、数十瓶至一百余瓶。

清代茶馆更加盛行，饮茶风尚更加大众化，遍布社会各个层面，茶已是清朝人生活中的必需品；同时由于海外贸易扩大，茶叶以贸易形式从中国走向世界。一度垄断世界茶叶市场，中国的饮茶礼仪也逐渐传到西方。

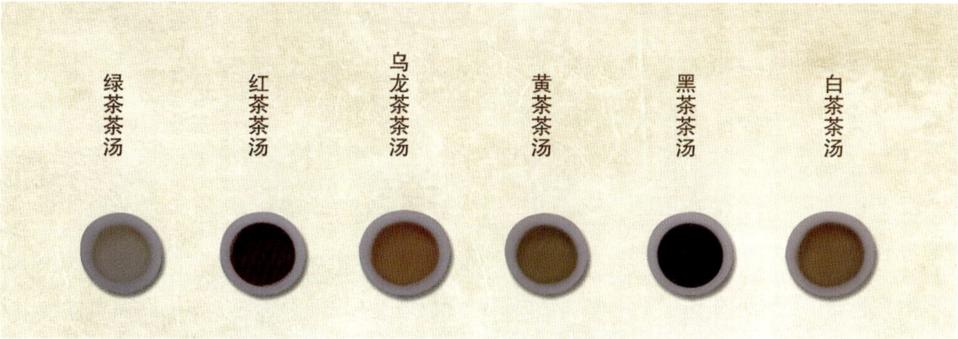

清代茶生产制作有很大发展，除绿茶外，红茶、乌龙茶、黑茶、白茶等的创制构成了基本茶类。除部分黑茶有紧压茶的团、饼、柱状的形状外，其余均为条形散茶。清人在饮茶方法上，沿用明代直接沸水冲泡法。瓷器和紫砂壶普遍流行，用陶瓷茶具饮茶已成社会饮食风尚。清代茶具无论是种类和形式，基本上没有突破明代的规范。

清代前期，中国茶就风靡世界。鸦片战争之后，中国茶叶出口继续上升，1886 年出口达 268 万担。但好景不长，此后中国茶的出口盘旋下降，海外市场逐渐被印度、斯里兰卡、印度尼西亚及日本等分享。

民国成立后，茶界以吴觉农为代表的有识之士积极引进现代科技与管理，进行一系列改革，为中国茶业振兴做出了积极的贡献。

茶与茶具

茶进入我们的生活领域，无论是药用、食用还是饮用，都离不开茶具，茶具在社会发展过程中不断创新与完善。紫砂壶作为其中的重要种类，对于研究茶与紫砂壶的文化价值具有重要启示。

我国饮茶文化历史悠久。据《神农本草》记载："神农尝百草，日遇七十二毒，得茶而解之"，一代茶圣陆羽也曾言："茶之为饮，发乎神农"。足见茶文化源远流长。自神农发现茶始，随着时间推移与历史演变，茶文化由发展走向成熟，由国内走向世界。

茶文化兴盛带动品茗茶具的发展，在众多茶具中，紫砂壶作为具有特色的实用茶具，颇具鹤立鸡群之感。孙中山先生在《建国方略》中说："我中国近代文明进化，事事皆落人之后，惟饮食一道之进步，至今尚为各国所不及”。这是源于我国历来重自然、爱生命、追求和谐，讲究生理与精神兼顾的人生观和哲学观。茶具是饮食器具重要部分，追求美食与美器统一，是历来饮茶者在饮茶方面的追求。选用哪种茶具、冲泡什么茶叶，如何泡或烹煮，如何品饮等，对于饮茶者都重要。而饮茶者不仅享受茶的美味，还欣赏茶具的型制、材质、色彩、纹样等艺术之美。

历代茶具因所饮茶叶种类、饮茶方法不同而有所差异。如唐代的茶碗，宋代的汤瓶与黑盏，明清的紫砂壶与瓷茶具等，虽然各种茶具在茶事活动中因饮茶习俗差异而受到关注程度不同，但基本上能体现物尽其用，物尽其美。

宋代黑釉茶具

以煮茶法为主时代，煮茶器具颇为讲究；在以点茶为主的饮茶时代，以品饮茶汤为目的而制茶碗的型制、材质、色彩、纹样等无论实用性还是艺术性都颇讲究。

以泡茶法为主时代，茶壶造型、材质、色彩、装饰等艺术审美远远超过了茶碗。

时至今日，各类茶具繁荣发展，茶壶、茶碗、茶杯，早已成为千家万户必备之物。

茶具与社会文化

不同时代有不同的社会文化。使用茶具饮茶，不仅仅为满足人们解渴、审美需要，使用什么样的茶具，如何使用，往往也体现了这个时代的文化，具有丰富内涵。

茶具文化内涵探析

中国饮食文化讲究美食与美器相统一，追求食具的实用与审美相统一。

中国饮食器具发展，经过原始陶器阶段、青铜器阶段，发展到瓷器时达到鼎盛。茶具是饮食器具之一，它的发生和发展，经历了从无到有，从共用到专一，从粗糙到精致的历程。

茶具也称茶器，是人们在饮茶时所使用的器具。中国是茶叶的原产地，是茶叶品种和茶叶资源最多的国家。唐代以前，在茶文化发展尚未成熟之时，茶具仍未从食具中分离出来，多以食具、酒具为饮茶用具。晋代卢琳《四王起事》记载晋惠帝遇难逃亡，后返回洛阳的经过，其中有侍从为晋惠帝“持瓦盂承茶，夜暮上之，至尊饮以为佳”的话语。说明晋代已有饮茶时尚，但承茶之具是瓦盂，盂是盛饭菜的碗。可见当时茶具、食具不分。随着饮茶方式发展，茶具逐步专门化，产生了分工较为精细的各类茶事用具。

茶文化与茶具的关联性

茶文化与茶具相互影响，相互促进。茶具为完成饮茶过程而存在，使用茶具的过程就是饮茶过程，并从中体会茶文化的精神内涵；茶文化兴起，才产生对茶具的需求，不断发展的茶具反过来又丰富了茶文化内涵，提升了饮茶的审美情趣。

茶文化对茶具的发展包括茶具的材质、造型、色彩等都产生影响。

古代茶具也被称为茗茶或茶器，如西汉辞赋家王褒《僮约》有“烹茶尽具，餔已盖藏”之说，这是中国最早提到“茶具”的史料。唐陆羽在《茶经·四之器》中详列了风炉等煮茶和饮茶用具八大类，二十四种，这是最早对茶具进行概述、分类的典籍。

当茶进入品饮时代后，茶具更是繁荣发展。现代社会茶具发挥着保持茶香、凸显茶汤色调，方便品饮，提高人们品饮情趣、陶冶情操等方面的作用。各类茶具品种、造型、样式丰富多彩，这与传统文化、时代习俗、审美情趣、地域文化等密切相关，这些茶具反映不同时代的风貌，承载着历史文化信息。

茶文化发展，茶品种丰富，饮茶方式与习俗演变，形成了茶具的多样化。

紫砂壶作为中国陶瓷文化中的奇葩，历史不算太长，但起源与发展有着深厚的文化底蕴，与当时社会制度以及文化环境有密切关系，经济稳定与社会发展对于紫砂壶的发展起到了巨大的推动作用。

黄河流域与长江流域作为我国陶器发源地有着悠久历史，长江流域的先民们种植水稻和渔猎，从事制陶等原始手工业。长江中下游的原始文化如位于浙江钱塘江南岸浙江余姚的河姆渡文化，与仰韶文化的时间十分接近，它所出土的原始陶器主要是黑陶。在河姆渡文化基础上发展起来的马家浜文化，它的年代比位于黄河流域的马家窑文化略早一些，主要分布在浙江北部和江苏南部，主要是夹砂红陶，伴有少部分泥质红陶以及少量的黑陶。

这时陶器制作工艺主要是手制，部分器物使用轮制，晚期主要以轮制为主，出现了各种简单的线的装饰或者采用简洁的素面。

位于太湖西岸、长江下游的宜兴，在文化上与马家浜文化有着承袭关系，在 1975 年古窑址调查中，宜兴各地发现大量磨制器物，以及大量陶瓷残片，大多数是红陶或夹砂红陶，还有少部分灰陶等。由此可以证明，生活在宜兴的先民早在 5000 多年前就开始烧制原始陶器。

东汉时期，宜兴已成为制陶中心。公元 220 ～ 589 年，我国南北方处于对峙分裂状态，江南相对于北方较稳定，社会环境比较安定。中原百姓和士族大批南下寻找安稳的生存环境，导致江南人口急剧增加。三国时期，江南陶瓷制造业出现遍地开花现象。越窑青瓷发展快、窑厂分布广、瓷器制造质量高。越窑青瓷主要产地之一的均山窑就是以宜兴鼎蜀镇汤渡附近的均山村定名的。

宜兴境内另有隋唐窑、五代窑、宋元窑以及明清窑 60 多处。

宜兴制陶行业，自古就持续地发展着，沉淀了丰富的传统文化。

中国传统茶具的历史演变过程

唐之前，茶具便已存在，当时茶具器型受青铜器器型等的影响，造型相对简单。当时茶没有独立出来成为一种饮品，这时茶具往往一器多用，茶器、酒器包括食具的区分不明显，在相当长时间内是共用的。

唐代兴起饮茶风气，煮茶方式也盛行起来，因此有“言茶必曰唐”的说法，唐代是一个开放的朝代，喝茶开始逐步进入品茶的境界，饮茶用具逐渐从酒器和食器中分离出来，开始形成一个体系。

经过唐朝宫廷积极参与和陆羽的提倡，饮茶风气得到了极大发展。陆羽《茶经》问世后，他提倡的品茶艺术对文人士大夫、上层社会和佛教僧侣产生了巨大的影响，为满足属于精神需要的品茶需求，人们自然就对作为品茶载体的茶具提出更高要求。在力求茶具使用功能得到完善的同时，越来越注重对茶具器型的外观的追求。唐代茶具品种丰富，有继承了两晋南北朝时期的青瓷艺术，也有金属器等。

唐代人们在饮茶时，先将茶叶制成碎末，放在容器中，然后用烧开的沸水冲泡茶叶，茶水颜色呈现绿中泛红状态，而青绿色的瓷碗盛这样色泽的茶水可以给人以冰清玉洁的感觉，饮茶在这个时期的茶具以青瓷碗为佳。

秉承唐朝风气，宋代饮茶成为更加普遍的形式。宋时“斗茶”形式兴起，上至帝王将相，下至平民百姓，无不以斗茶为乐。人们熟悉的“柴米油盐酱醋茶”的说法在这个时代形成，宋人吴自牧《梦粱录》中有记载：“人家每日不可缺者，柴米油盐酱醋茶”。可见，茶在宋时已经成了生活中必不可少的生活品。宋人不流行用青瓷碗，由于“斗茶”之风盛行，黑釉茶盏便于观察茶色，容易呈现出白色茶沫，这个时期黑釉茶盏是斗茶者的首选。

宋代时，紫砂陶开始登上宜兴陶瓷的历史舞台，开始崭露头角。考古证实，1976 年宜兴红旗陶瓷厂建设隧道窑，在进行地基整理时发现了羊角山早期的紫砂窑遗址。在羊角山出土的早期陶器与历史上的紫砂壶以及现代的紫砂壶有着较大的区别，造型上更接近原始陶器。在基本器型上既有对传统陶器的继承，又有新的发展。紫砂壶的诞生，可以说是因时而生。其后紫砂壶能够风行数百年，最终与茶文化连为一体，则是由紫砂特性所决定的。

元朝由于文化上的差异和时间上的限制，这时的茶具没有太大的发展。

明代洪武年间，制茶由茶团饼改为散茶，制茶改变，带动茶具改革。明代饮茶，饮用芽茶，冲出后茶色发绿，用白釉小盏作茶具。但盏茶易冷，明代中期以后改用壶饮茶。由用茶碗盏，逐渐变为用茶壶泡茶。茶壶泡茶更利于保温，能防止尘埃落入茶水中，能保持茶香不散，茶壶泡茶很快被人所广泛接受。正是因为泡茶法的提倡与普及，产生了以泡茶为主的茶壶。宜兴地区有着悠久的传统制陶制瓷技术和种茶饮茶习俗，为以泡茶为主的紫砂壶的诞生提供了良好的条件。宜兴紫砂壶以其良好的性能被人们所认识和推广。

明代是紫砂壶兴旺成熟的时期。元代垄断工匠和技术的生产关系，到明代得到了解放，为发展手工业提供了的条件。瓷都景德镇民窑大量制瓷工匠来到陶都宜兴，改做紫砂器，促进了紫砂工艺的快速发展。经济的发展，人们生活水平的提升，也促进紫砂器快速发展。明代社会经济水平极大提高，陶瓷业得到快速发展。紫砂壶进入成熟与兴旺阶段。

从明代中叶起，社会上饮茶的风气日盛，紫砂壶受到喜好茶饮的文人墨客、士大夫推崇。明万历年时期宜兴紫砂壶生产呈现出空前繁荣景象。这时涌现了众多制壶名家，紫砂壶的兴起与演变与其业绩相交织，共同促进紫砂壶发展。明代文人学士追求平淡自然、返朴归真，促使茶具向去粗存精、去繁从简的方向发展。

故宫藏宜兴窑紫砂胎泥绘烹茶图题乾隆御制诗文执壶

年代：清乾隆（1736 ~ 1795 年）
尺寸：通高 11 厘米，口径 5.6 厘米，足径 5.6 厘米

壶体呈圆球形，鼓腹、圈足。细弯流，耳形柄。附馒头形盖，盖顶置圆珠钮。驼灰色砂泥。腹部两面饰委角长方形开光，一面开光内泥绘烹茶图，另一面开光内题乾隆皇帝御制七言诗《雨中烹茶泛卧游书室有作》，句末钤圆形篆体“乾”字印和方形篆体“隆”字闲章。

清代中期开始，欧洲饮茶风俗形成，陶瓷茶具外销品种中出现了西洋风格装饰画面，虽没有成为中国茶具生产风格主流，却也是当时中国茶具发展的一道风景。

现当代茶具除沿用古代多种茶具之外，随着科技和工业的发展，各类材质的茶具层出不穷。各类玻璃茶具、金属保温茶具、陶瓷茶具、塑料茶具等各有特色。现当代饮茶，以散状叶茶冲泡为主，还产生了袋泡茶、茶饮料等。

紫砂壶的历程

紫砂壶起源

紫砂器起源一直被学术界和考古界研究考证，当前有两种主要观点。一种认为宜兴紫砂壶诞生于宋朝。考古工作者于 1976 年在宜兴鼎蜀镇地区羊角山发掘出一座宋代龙窑窑址，出土了许多紫砂陶残器。有高颈壶、矮颈壶和提梁壶三类，除了圆形器皿外，还有六方形器皿。嘴、把和钮的粘接采用铆钉法，造型的起线处理和嘴根部的菱形纹饰等均带有后来紫砂器造型特征。据研究，羊角山古龙窑窑址出土的紫砂器残片的显微组成和显微结构特征与现代紫砂器相同。出土文物的佐证较具科学性和可靠性，不少学者将紫砂壶的起源推至宋代。

从出土残器的口和盖的结构来看，宋代紫砂器尚处于初级阶段，制坯和烧成条件尚不成熟。古龙窑址的发现对我国紫砂历史的研究具有重要意义。

根据《宜兴羊角山古窑址调查简报》结论："其上限不早于宋代中期，盛于南宋，下限延至明代早期"。1984 年，考古工作者对宜兴羊角山古窑进行了考古勘探和研究，其结论是："羊角山古紫砂的原料和现代宜兴紫砂一样，都是一种多种矿物共生的粘土团粒，其气孔分布也呈双重气孔结构特征，矿物组成属富铁的粘土、石英、云母三元系"。

史上也有宋代文学作品对紫砂器物的描述，苏轼《寄伯强知县求惠山泉》："赤泥开方印，紫瓶截玉团"。范仲淹在《和章岷从事斗茶歌》中有："黄金碾畔绿尘飞，紫玉瓯心雷涛起"。梅尧臣在他的诗《依韵和杜相公谢蔡君谟寄茶》中有："小石冷泉留早味，紫泥新品泛春华"，宋代著名文学家欧阳修也留下了："喜共紫欧吟且酌，羡君潇洒有余清"。其中所谓赤泥、紫瓶、紫玉瓯、紫泥、紫欧等，指紫砂泥所制紫砂器物。

考古发现和文献记载共同印证了紫砂壶在宋朝诞生。通过对宜兴陶瓷博物馆陈列的羊角山宋代紫砂器物观察研究，宋代紫砂出土残器的造型、做工都与紫砂壶有较大差距，虽然比当时其它地区出土的陶制日用器物做工精细，但总体上仍显粗陋。这时紫砂器物胎质砂感较重，原料粗，烧成温度低。在羊角山晚期堆积层中出土的紫砂器物，无论泥料和工艺都较早期出土的紫砂器更加细腻、考究，且已采用围身筒、镶身筒等制作工艺，器物表面经过压光，与现在的紫砂壶十分相似。

另一种观点认为紫砂壶起源于明代。以明朝学者周高起《阳羡茗壶图系》为依据，《阳羡茗壶图系》是最早关于宜兴紫砂壶的专著。书的创始篇记载金沙寺僧淘细砂捏筑紫砂壶过程。正始篇又描述吴氏家僮供春，在金沙寺偷师学艺，并依据实践经验改进制壶方法，用茶匙配合手指捏造。书中描写具体详实，供春壶在民间也有名望，故紫砂壶起源于供春生活的明代的说法一直为紫砂壶起源的主流说法。

对于以上两种说法，可以理解为：紫砂器物在宋代已经产生并被一些文人雅士所使用，不过以日常用品为主，没有较多地被当作茶具使用。到明代，民间艺人发现紫砂特性并很好地加以利用，有了紫砂壶的正式诞生。

明朝在物质，精神和制度等方面发生了很大变化，这些为明朝紫砂陶艺术的发展奠定了基础。紫砂壶在明代得到了飞速发展，涌现出一批紫砂壶工艺大师，明代宜兴紫砂壶的兴起的原因主要有以下几个方面。

在物质文化方面，朱元璋即位以后“锄强扶弱，奖善去奸，使民得遂其所安”，缓和社会矛盾为经济发展打下基础。到公元1393年，明朝全国耕地面积达到857万顷。洪武27年，朱元璋令大量栽种桑麻木棉、引进番薯、推广占城稻，使得社会生产力大幅度增长。经过明初六七十年努力，农业生产显著发展。明初期一系列经济措施，使得社会经济得到恢复和发展。

郑和七下西洋，带动了海外贸易的发展，促进了陶瓷和丝绸贸易流通。

明朝中期，经济作物栽培有了明显增加，桑麻木棉、茶叶、甘蔗、花生、烟草等经济作物大量种植，农副产品逐步商品化。由于明朝经济水平的极大提高，洪武末年宫廷开设官窑烧制瓷器，推动陶瓷业大发展。

明朝手工业有长足进步。冶铁铸造业有阳城、佛山、尤溪三大中心；棉麻纺织业技术已相当成熟，为当时纺织业发展提供了基础。陶瓷生产也有了很大发展，其余诸如制盐、榨油、采煤、制造军器火药等技术也有了很大的

故宫藏紫砂胎剔红花卉纹提梁壶（残）

年代：明（1368 ~ 1644 年）
尺寸：通高 12 厘米，口径 4.7 厘米，足径 5.4 厘米

壶呈提梁式。直口、溜肩、腹下渐收、浅圈足。附圆盖，盖顶置圆珠钮。肩部原有架起的提梁，现两侧只留下提梁断痕。梁红色砂泥胎极细润。壶身残留少量红色雕漆。从造型和雕漆工艺分析，其制作年代应为明代万历时期。

发展。明朝生产力水平提高和社会赋税制度改革，商品经济迅速发展。粮食作物和经济作物生产、制造业以及手工业产品生产逐渐有了地域分工趋势。形成农业，手工业之间区域性分工合作，商品经济的发展成了社会经济发展推动力，农业，轻工业的产量、技术在当时世界上处于领先地位。

精神方面的因素是当时文人士大夫的风雅生活。明朝初年，国家和皇室开支都比较节省，永乐（1403 ～ 1424）、洪熙（1425）、宣德（1426 ～ 1435）三朝之后，皇室贵族的享乐欲望不断高涨，豪绅地主紧随其后，在相竞奢华的风气下，文人士大夫生活也无不追求享受安逸，琴、棋、书、画之外，花、鸟、鱼、虫、饮宴、饮茶，成了他们生活中的重要组成部分。整个社会风气和饮茶方式随着朝代的更替和经济发展有了明显变化。士大夫饮茶风气的兴起，推动了紫砂壶事业的发展。

制度文化方面，元朝对待工匠实行工奴制度，具有特殊手艺的手工业者如纺织、铸造、陶瓷制造等都被迫在官府设定的作坊为官府服役，没有个人人身自由。工匠们要长年累月地劳作，不能改业，不能脱离工作的作坊匠营，残酷的奴役制度极大地抑制了手工业者的创作积极性。明代创建了一些对于手工业发展有利的法规政策，明朝工匠通过住做或轮班方式每月到官府服役一定时间，其余时间自由从事自己的事业。这种服役方式让手工业者有了自由支配的时间，创作生产的积极性有所提高。

到明朝成化时期，轮班制服役方式也被废除。明成化二十一年（1485年）颁布了一项新法令规定："轮班工匠有愿出银价者，每名每月南匠出银六钱，免赴京，所司类赍勘合，赴部批工。北匠出银六钱，到部随即批放，不愿者仍旧当班"。明代通过法律制度使元朝设立的奴隶工匠制度得以瓦解，这些获得人身自由的工匠促进了明代手工业的发展。不同行业涌现出一批独立商品生产者，明中期以后，手工业生产普遍发展。陶瓷工业是其中一个部门。在这一历史条件下，陶瓷技术与手工技艺迅速发展，紫砂壶技艺也得到较快发展。这一时期涌现多位制壶名家，推动紫砂壶发展。

紫砂壶的发展历程

唐以前无饮茶专用茶具，茶圣陆羽首创品饮法，将整套茶具带入饮茶过程之中。宋代茶具大体承袭唐代体系，为满足当时流行"斗茶"时尚，茶盏崇尚黑色，到了明清，因紫砂壶无釉无彩，符合当时文人返璞归真的审美情趣，且具有很好的宜茶性，紫砂器又便于观察茶色，紫砂壶从此流行开来。

宜兴古称阳羡，唐朝陆羽为了著《茶经》专门到宜兴南山种茶、采茶和制茶，后来写下了阳羡茶"芬芳冠入他境"的评价。由于陆羽的推荐，阳羡茶被列入贡茶的行列。在产茶历史名地，对高品质茶具的追求，为后期紫砂壶出现做了铺垫。

据《宜兴县志》记载："宜兴古为茶乡，素有饮茶习俗，城乡都有茶馆，多用丁山紫砂壶。富家以名师紫砂及景德镇瓷器壶、杯作为家庭待客之用，农村普及用紫砂大肚茶壶带到田头地边"。宜兴作为陶都与茶乡，产茶历史见诸文字的就有1200多年，唐代有阳羡紫笋茶、明时有芥茶、民国有雀舌茶、当代有阳羡雪芽茶知名度都很高。宜兴饮茶习俗中，因本地出产红茶，红茶性温，对胃刺激性弱，如今宜兴人一般冬饮红茶，春夏饮绿茶。饮茶时，多选用紫砂壶品饮，既喝茶休闲又养壶自怡。

紫砂器的出现与宜兴日用陶瓷烧制密切相关。宜兴市地处苏、浙、皖三省交汇处，位于江南长江下游太湖之滨，它东西北三面都是富饶的太湖平原，西南面环绕着高山峻岭，依山傍水，地理位置优越。交通的便利也为宜兴经济的发展提供了便利。新石器时期，这里的先民就从事原始制陶，留有多处文化遗址。这些遗址中除各种石器外，还堆积着丰富的陶器残片。商周时期已出现了精美的印文硬陶和原始青瓷。

三国时期宜兴制陶业就已经负有盛名。在公元220年到589年之间，南北方长期处于分裂的状态。这一时期江南相对战乱较少，经济得以迅速发展，人们物质生活和精神生活有了较大的提高。宋代以后，中国经济中心逐渐南移。到了明朝，江南一带的工商业发展较快，在富裕的社会环境下，各种工艺制造业也随着经济的发展而迅速发展，这为宜兴紫砂壶的产生和发展创造了良好的条件。

到了宋朝，我国陶瓷制造发展到了一个鼎盛时期，五大名窑竞相争艳。宜兴的均山窑也颇负盛名，甚至有部分产品被其它名窑所仿制。高超的制陶技术也是紫砂壶能产生在宜兴的一个重要条件。

明朝是古代历史上茶书出版最多的一个朝代。著名著作有许次纾的《茶疏》、张源的《茶录》、罗廪的《茶解》、朱权的《茶谱》等等。通过这些作品，可以清晰地了解当时士人饮茶风尚。他们追求一种闲适的情调。由于社会风气改变，饮茶方式也随之变化。在经历了唐朝的煮茶法和宋朝的点茶法以后，明朝朱元璋钦点饮用冲泡散茶。这一历史转变一直延续到现代。茶文化中的繁文缛节得到简化，人们更注重茶本身的色香味，这为宜兴紫砂壶的出现做了很好的铺垫。

特殊的紫砂原材料只产在宜兴。宜兴的紫砂泥分布在丁蜀地区，有绿泥、紫泥、红泥等。紫砂是一种特殊的自然矿土，其实质是含铁质粘土质粉砂岩，被誉为泥中泥，岩中岩。一般紫砂壶泥料都由这三种泥调制而成，色彩变化多端。由于成分配比的不同和烧制温度的差异，使得紫砂壶成品颜色丰富多彩。独特的制壶原材料分布在宜兴，成就了宜兴紫砂壶产业。独特的紫砂泥为紫砂壶的制作提供了必不可少的物质基础。

江南既是富庶之地，又是才子聚集之地。东晋书法家王羲之、唐朝诗人李白、宋朝文学家苏东坡都曾到宜兴并留下赞美的佳句。苏东坡曾打算在宜兴买田置地，只因为宜兴溪山的美好。到了明朝，政治科举制度的改革，文人雅士热衷于结社讲学。他们以茶会友，很多名词佳句都是在饮茶的过程中被创作出来的。茶成了文人雅士生活的必备。茶壶的选择也成了士大夫们饮茶器具的关键。朝代更替也主导着饮茶方式的改变。唐朝的煮茶法过渡到宋元的点茶法，到明朝简化为冲泡法。这是社会进步的表现，也为茶壶在饮茶中地位的提升起到了关键性的作用。

在文化与社会制度的双重影响下，紫砂壶走上历史的舞台。紫砂壶出现在宜兴并非偶然，而是历史发展与天然物质条件结合的必然。

明清时，宜兴市丁蜀镇的蜀山脚下有条南街，南街背靠南麓，南临蠡河，自明代晚期始，窑群遍布蜀山南麓。窑户们多在南街有自己的店铺，在这里收坯、加工，然后在蜀山南坡的龙窑烧制，成品由船通过蠡河，经张泽镇入太湖运往各地。

宜兴制陶，以均陶、精陶、美彩陶、青瓷和紫砂陶这“五朵金花”著称于世，其中紫砂陶最负盛名、是最具特色的陶种。随着紫砂陶的兴盛繁荣，影响日益扩大，盛名远播海内外，国外慕名求购者众。自明朝末年开始，紫砂陶飘洋过海，远销其他国家。至清代中后期，对外贸易得到一定发展，宜兴的不少陶瓷作坊主在通商口岸开设陶瓷商店，包括紫砂陶在内的大量宜兴陶瓷产品远销东南亚、日本、欧洲等海外市场。

1965 年在南京市中华门马家山油坊桥明代嘉靖十二年（1533 年）明朝司礼太监吴经墓中出土的提梁壶是我国最早有年代可考的紫砂壶。此壶的形制较大，高 17.7 厘米，口径为 7 厘米。在整体的造型上具有铜锡器形的特点，尤其体现在壶嘴的造型及嘴根部壶体上的柿蒂形衬垫以及壶盖的十字形口。通过这些细节可以看出来，在当时，紫砂壶不论是制作工艺还是技巧，都已经趋于成熟。整个茶具的胎体较薄，并且十分均匀，这也是中国目前唯一有纪年可考的明代早期的紫砂壶，对于鉴定明代早期的紫砂壶有着非常高的参考意义。从这个壶中可以发现其壶身沾有少量的釉泪，可能是和其它缸类一起入窑烧制，被其它陶瓷制品上的釉滴溅上所产生。

现收藏于中国国家博物馆的紫砂鼻祖供春的代表作——树瘿壶，是目前所能见到的最古老的完整造型，壶身高 10.2 厘米，宽 19.5 厘米。整个壶的造型传递出苍老的感觉，壶把造型天然并且充满趣味性，整个壶身七凹八凸，指纹隐隐若现，把内壶身上刻有篆书“供春”二字，被世人称颂为“脱尽人巧殊众工，神工鬼斧难雷同”。

明代学者周高起在《阳羡茗壶系》中说：“近百年中，壶黜银、锡及闽、豫瓷，而尚宜兴陶，又近人远过前人处也”。中国士人饮茶的风尚带动了匠人对茶具创新的积极性。明朝万历时期开始，紫砂壶工艺的昌盛得益于社会饮茶风气的盛行。

宜兴的先民们，在明中期的这种氛围中，逐渐完成了在粗陶中提炼出精加工、内外不施釉的紫砂壶。明清以来，紫砂壶名家众多。

明万历年间，有四大杰出紫砂陶艺名家董翰、赵梁、元畅及时鹏。16 世纪末至 17 世纪初又出现了三大壶艺妙手时大彬（时鹏之子）、李仲芳（李茂林之子)、徐友泉；时大彬又有四大弟子邵文金、邵文银、蒋时英和欧正春。同时期的重要人物还有陈用卿、陈仲美、陈子畦、惠孟臣等。

清初制壶大家陈鸣远（陈子畦之子），师承时大彬。另有邵茂林、邵旭茂。清中叶至清末出现了陈曼生（字子恭，号曼生）、邵大亨，黄玉麟等紫砂壶艺的代表人物。

20世纪，紫砂壶艺在继承与发扬传统的基础上，又有新的发展，这一时期代表人物主要是裴石民、朱可心、顾景舟、蒋蓉等。新中国成立后，宜兴陶艺有10位国家级工艺美术大师徐汉棠、徐秀棠、谭泉海、吕尧臣、汪寅仙、李昌鸿、周桂珍、顾绍培、鲍志强和何道洪。

紫砂诞生之初，其功能主要是生活用具，属于民间生产工艺，到清朝中期嘉庆、道光年间，陈曼生等一批文人介入，使紫砂壶的形制发生重大改变，壶型趋向典雅古朴，便于在壶体上表现书法、绘画、篆刻等，文人参与紫砂壶创作，使紫砂壶艺从单纯的民间工艺，上升到文人雅士诗书画的领域，成为与生活与艺术相结合、独特的陶瓷艺术作品。

在中国陶苑中，陶器产生虽早，但自从有了瓷器，陶器便只能做些花盆等民间应用杂器。紫砂陶出现，改变了陶器"不登大雅之堂"的地位。宜兴紫砂壶追求的古朴雅趣和文人的追求相吻合。

文人的参与，使紫砂壶形制更为典雅精致。紫砂壶观赏者从壶上享受到的美好，更多是从紫砂壶的文化内涵中获得的。文人爱壶，制壶艺人与文人结交，是紫砂壶在文人艺术中形成良性循环的重要原因。

将紫砂壶从民间生活日用品升华为文化艺术品，可以和中国书画平起平坐的人，是清嘉庆、道光年间书画篆刻家陈曼生。他把诗、书、画、印与紫砂壶造型设计融合起来，使紫砂壶艺成了文人化的艺术品。

文人在壶体上题诗作画刻字，大大提升了紫砂壶的文化内涵。壶的工艺、造型以及各种装饰，是组成紫砂壶文化内涵的载体，壶的壶铭、印记款识、命名，是壶的文化元素，除制壶艺人的贡献外，文人参与功不可没。文人参与，推动了紫砂的传承创新。在当时文化名人影响下，壶型设计开始摆脱生活日用品束缚，赋予了更多的文化内涵和文人气息。

紫砂壶的发展同时也是陶文化发展的结果，与陶器有着诸多共同点，但由于紫砂泥所具有的特殊性质以及宜兴所处的特殊地理位置，又造就了紫砂壶与其他陶器的不同特征。

这一时期重要茶具分析。

时大彬所制葵花壶，属筋纹器，总高 8 厘米，宽 11.8 厘米。壶身呈扁形，壶盖和壶身都被对等平分，呈现出花瓣花蒂状，茶具的整体呈现出流畅的筋纹和精准的造型。由于紫砂的材质光而不滑，细而不腻，传热又比较缓慢，用来抚摸把玩，给人温暖而平和的感受，这也是紫砂壶所传递的独特的精神。

时大彬所作大提梁壶，现收藏于南京博物院，整个壶呈现深紫色，造型古朴稳健，舒展大方，六棱的壶嘴、壶钮等与圆润的壶体形成了方圆对比，提梁与壶身之间形成一种虚实对比关系，增强了整体艺术效果，壶沿做了翻线处理，在整个壶的造型方面起到了非常重要的作用。

矮梨式紫砂壶为明代孟惠臣所制的一种造型很小的壶，高 5.7 厘米，宽 10.6 厘米，壶身呈矮梨形，采用截盖，耳形把，适合喝功夫茶，后来由于清代仿制此壶型的人常在壶底署名“君德”，又将其称为君德壶。

相比紫砂草创期，这时的紫砂壶器型由大变小，小型壶也因其造型精巧雅致受到推崇，这一时期三大壶式已奠定，且都有成品出现在市面上。如今紫砂艺术经过几十代紫砂艺人的奉献，无论在造型装饰还是工艺技术等方面，都形成了系列性的理论知识。定义一件完美的紫砂作品，可以从两个方面衡量：

一方面，紫砂作为艺术品，应具备形、神、气、态四要素。形，即形式美，指作品的外部轮廓；神，即神韵；气，即气质，陶艺所蕴涵的和谐色泽美；态，即形态，作品的高低肥瘦刚柔方圆的各种姿态。

另一方面，紫砂壶需满足其作为茶具的根本特性——实用性。壶体的容量和重量比例适当，壶嘴出水流畅，壶把端拿方便舒适，壶盖四周合缝等等。

紫砂壶和一般陶瓷不同，它属于无釉茶具，采用宜兴特有的紫砂泥矿制成生坯然后高温烧制而成。由于其烧成过程中温度较高，烧结密致，胎质细腻，既不渗漏，更有肉眼难辨的气孔能吸附茶汁，蕴蓄茶味，故老壶、旧壶虽冲白开水也能散发淡淡茶香。紫砂独特的材质属性，形成开水冲泡不烫手，冷热剧变不会破裂，热天盛茶逾夜不馊等优点。

紫砂壶造型简练大方，色调淳朴古雅，有“世间茶具壶为首”之美誉。而《桃溪客语》中书道“阳羡壶自明季始盛，上者与金玉等价”，足见其名贵。

清代，宜兴紫砂壶制造出现繁荣景象，并与文人学士充分结合，由单一国内市场变为国内、国际两个市场。清代康熙、雍正、乾隆三代是紫砂壶发展的重要时期，这时期的紫砂壶品种繁多，样式齐全。这一时期还出现了施

故宫藏宜兴窑紫砂黑漆描金山水图紫砂执壶

年代：清雍正（1723 ~ 1735 年）
尺寸：通高 12 厘米，口横 10.2 厘米，口纵 9.2 厘米，足横 9 厘米，足纵 8 厘米

壶体呈长方形，直颈，弯流，方柄呈环形。方形盖隆起，盖顶置方亭式钮。紫砂胎，表面髹黑漆为底，漆上以金彩描绘山水楼阁图。壶身漆饰保存完整，盖上漆饰大部分已脱落，以漆髹饰紫砂壶始于明代，清代雍正年间砂壶艺人吸收漆器重彩描金技法，将紫砂壶装饰得金碧辉煌。此壶是迄今仅存的清宫旧藏雍正紫砂胎黑漆描金茶壶。

釉彩、描金、镶嵌珠宝等装饰的紫砂壶，极尽奢华之能事。

清代紫砂器也是御用品。海外以及宫廷的风尚影响紫砂壶的装饰风格，大致从雍正年间开始，紫砂器开始挂釉，两次烧成，还有一些开始使用包铜或描金来装饰。这类型茶具在丰富紫砂壶种类，使得紫砂艺术由自然古朴转变为纤巧和世俗，这种风气又进一步推进着紫砂壶花货的发展。

清朝中期，文人广泛参与并影响紫砂陶艺制作，掀起了紫砂行业复古之风，清中期以前紫砂壶的繁缛、精致逐步回归到了简约朴素的发展方向。紫砂壶在清朝中期随着社会安定、经济发展而呈现出全新艺术风貌，这是紫砂壶的一段辉煌的历史。

这一时期的开创者是紫砂壶制作大师陈鸣远。陈鸣远作品题材和形制非常广泛，大大超越了前人，包括壶、杯、瓶、盒、文玩等数十种。由于他的贡献，陈鸣远被称为“花货”的宗师，他使“花货”发展成为一种延续至今的紫砂壶艺术形式。“花货”体现陶艺艺术家热爱生活的人生态度，也体现了物我合一精神。他把自然形体作为茶具的创作思路，创作了许多栩栩如生、洋溢着生活情趣的作品。如陈鸣远的南瓜壶，该壶壶身仿南瓜，以瓜蒂为壶盖，瓜蔓为柄，将卷叶做成流，制作时采用高度写真手法，使整个造型形态和肌理都十分逼真。

陈鸣远还将紫砂陶从日用器皿延伸到纯艺术品范围，达到了较高艺术水平。他把文人雅士的文房摆件纳入紫砂艺人视野范围，后来才有文人雅士参与到紫砂壶的设计创作并影响到紫砂壶的艺术风格。

清代各类艺术发展迅速，紫砂壶在大环境影响下，在造型与装饰上也出现了华丽装饰，这时一批文人参与到紫砂壶设计创作，使紫砂壶设计与制作主流又回到古朴清雅风格。这时期代表人物是陈曼生，他的出现为紫砂壶带来了新的发展。陈曼生于嘉庆十六年起在溧阳为官两任六年，与宜兴紫砂艺人结识，参与设计造型，创新了茗壶造型。清代紫砂壶与文人文化底蕴结合，形成素心素面的清雅风貌，紫砂壶文化内涵得到充实，紫砂壶及其制作者的社会地位得到提升。

杨彭年和陈曼生共同创作的井栏壶，造型简洁凝重，造型来源于日常生活中常见的事物。曼生壶的造型一般以简洁为主，再饰以壶铭来丰富茶具造型。这时紫砂壶除原有的古朴大方的造型之外，文人的广泛参与以及花货大量出现，是这一时期的显著特点。

道光年间，文人的参与比前朝更盛，这时的壶型为几何型，留有较大的光洁面，为文人书法、绘画、篆刻等留下足够的空间来进行题诗绘画。

除文人参与，传统茶具的造型也得到巨大发展，邵大亨所制的鱼化龙壶，李景康《阳羡砂壶图考》称赞道："紫砂莹润如玉，香雾纷腾茗初熟，七碗能生两腋风，一杯尽解炎方溽，壶兮壶兮出谁手，鬼斧神工原不朽"。整个茶具以鱼龙变化为寓意，茶具的通体布满云卷波涌的纹理，鲤鱼飞跃神龙腾空的图案隐隐若现，壶盖上龙头可以活动，龙舌伸缩自如，该茶具因为其造型与特征雅俗共赏，受到后人以及紫砂同行的赞赏。

近代紫砂壶主要指二十世纪上半叶，这时中国工艺美术命运多舛，紫砂业也是如此。辛亥革命后，宜兴紫砂业缓慢发展，这时的紫砂壶除供应国内市场外，也批量出口。在生产方面已形成磨泥、制坯、刻字、装烧和包装的专业分工。壶式多沿袭清代，新创的壶式不多，注重刻画装饰。到三十年代，上海有资本家和古董商人招募紫砂艺人从事仿古壶生产制作。

紫砂壶在民国时期受西方化工与陶瓷工艺影响，技术上开始出现低温釉的釉料，并且创造出吹釉、挂釉、贴花、印花等多种加彩技法，出现用化学原料制成的墨绿泥、紫檀色泥等，还采用宝砂磨光技法，使紫砂壶表面光滑如镜，所谓的"车光茶壶"。这些融合各种新技法的紫砂壶远销东南亚各国。

在当时著名的紫砂商店有铁画轩、吴德盛、福康等，还有1915年由紫砂业20多家大小窑户联合成立的“宜兴紫砂同业公会”；同年，“利永陶瓷公司”成立并在上海豫园设立了“利永陶瓷商店”。该公司还开办了紫砂工厂和陶工传习所，并且设立一座30多米长的永安窑。

北洋政府于1916年投资在蜀山北麓开办江苏省宜兴陶业工厂，著名紫砂艺人有程寿珍、范生大、俞国良、邵如云等技师，分别负责制坯、刻字等业务，招收众多徒弟，先后建造龙窑、小圆窑，制作出各式茗壶，由于受到当时社会状况及种种原因影响，该工厂1919年倒闭。抗战时期是紫砂产业发展最低谷的时期，日本侵华使紫砂行业发展遭到严重挫折，许多窑场被毁，许多作坊和店家倒闭，艺人穷困潦倒。

近代较为著名的紫砂艺人还有范大生、冯桂林、李宝珍、陈光明等，他们所制的紫砂作品都曾在国际博览会上获过奖。这时受大环境以及战争影响，紫砂壶业受到的冲击是前所未有的。这时的发展可大致分为两个时期，前期，受到资本主义发展影响，紫砂壶业得到一定发展，这时期还逐步走向国际化，但紫砂作品的艺术品味由于商业气息加重而减少。后期紫砂业受战争影响出现衰落现象，1948年11月18日《经济周报》载《疟疾式的宜兴细货陶业》道：“1948年生产紫砂二十窑次，都是民间茶饭需要的普通粗茶具，窑业的危机，也给工匠们带来了苦难”。这时紫砂艺人生活极为困难，纷纷放弃紫砂行

故宫藏宜兴窑“飞鸿延年”款紫砂题字执壶

年代：清（1644 ~ 1911年）
尺寸：通高11.3厘米，口径8.2厘米，底径12.1厘米

壶圆腹、溜肩、阔平底、浅圈足。短弯流，环形柄。附伞形圆盖，盖项置圆钮，腹部两面均刻有铭文，一面刻隶书体“延年壶”三字，另一面刻行书体“鸿渐于膳，饮食衎衎，是为桑贮翁之器，垂名不利”句，落款“曼生为止侯铭”。盖内刻篆体“彭年”二字印意款。外底凸刻一展翅飞鸟，在飞鸟的双翅上印篆体“延年”二字，寓意“飞鸿延年”整个壶底宛如一瓦当。

业，以至于紫砂壶业几乎到了后继无人的境界。

民国时期主要代表作品有程寿珍所制汉扁壶，壶的整体胎薄而规整，构思大胆奇巧，壶体扁而不塌，口盖合拢成为一条圆浑线条，与盖面的薄云线及壶身相衬托，韵味十足，壶嘴短而微弯，成圆环状，嘴与把的比例恰当，精巧雅致。

民国时期新器型紫砂葵仿古壶，是将光货仿古壶式，改用六瓣花筋纹加以表现，壶流、壶把也采用六棱形，筋纹外壁刻浮雕式诗文与山水画，器型严谨，风格典雅，与光货仿古壶式有很大区别。

范大生的紫砂四方倭角隐竹顶壶以仿竹为题，壶身采用四方倭角结构，使壶身既有竹的形态，又具筋纹壶特征。

新中国成立后，宜兴组织了陶器产销联合处，管理生产和销售工作，紫砂壶生产和销售进入计划经济轨道，进入了一个新阶段。1951 至 1953 年，紫砂工艺品参加本县和本省各大物资交流会，还参加了杭州市、天津市、上海市等大规模的城乡物流交流大会，这对紫砂壶行业的恢复生产、开拓市场起到了积极的推动作用。

随着紫砂市场扩大，从业人员也迅速增加，一些老紫砂艺人又重新回到紫砂壶业。1954 年开始，出现互助组与合作社，紫砂业也顺应潮流，成立了紫砂工场，打破以往紫砂艺人不愿公开技术以及不愿传授技艺的现象，紫砂壶艺人之间出现了技艺公开，互相学习、共同提高的新风气。

为更好地继承和发扬紫砂工艺，紫砂工厂及紫砂老艺人大量招收徒弟传授技艺。1958 年，宜兴工艺厂成立，创办紫砂工艺中学，以教学结合生产的方式，增加了紫砂壶从业人员。

因为当时的紫砂产品要满足国内外不断增长的市场需求，所以需要不断提高质量与工艺水平，而当时培养的紫砂设计与制作人才，正好顺应了这个需求。经过长期对新生力量的培养，宜兴紫砂壶逐步形成了一支实力雄厚的队伍。紫砂艺人的创造性得到了充分的发挥，这一时期紫砂工艺技术得到不断的创新与改革。

自紫砂创始以来，紫砂壶的制作，一直都靠手工制作。1955 年，紫砂艺人开始尝试利用模型制坯，这使紫砂生产开始走上成型模型化阶段。在实际操作中的一个创新是辘轳车使用，改变了以往木转盘转速慢、不灵活、工效低的缺陷,，紫砂艺人们还将机械化和电气化引进到紫砂行业。正是由于这些不断的改革与再创造，使得紫砂壶的质量与生产效率得到了提升。

随着紫砂壶在国际上声誉的日益提高，紫砂陶连连荣获国际殊荣。1915年，紫砂陶等宜兴陶瓷制品在巴拿马万国博览会中首次获奖。继而，宜兴紫砂陶器在1926年美国费城的万国博览会上荣获国际金质奖章；在1927年巴黎博览会上荣获奖状和金质奖章；1930年荣获比利时国际银质奖；1932年在百年一度的芝加哥博览会和在1935年的伦敦国际艺术展览会上，紫砂陶器均获得奖状和金质奖章；宜兴紫砂工艺厂的方圆牌高级紫砂壶先后于1979年、1983年获得国家银质奖和金质奖；1984年在德国莱比锡国际博览会上，紫砂百寿瓶和紫砂竹简茶具荣获金质奖；1989年，宜兴的紫砂高级茶具又荣获首届北京国际博览会金奖。

1954年，以裴石民为代表的7位名民间艺人组建紫砂工场，承制中国美术家协会订购的高档茶具；1958年宜兴紫砂工艺厂正式建立，各类壶器远销波兰等50多个国家；1961年至1964年，不少茶器销往日本和东南亚各国；1970年为法国承制8万多件茶器；1974年至1977年，紫砂外销市场扩大到欧洲、美洲、澳洲。宜兴茶壶和茶具占紫砂出口量的60%。1984年，中国香港和台湾地区逐渐兴起茶艺，紫砂壶的需求量急剧上升。如今宜兴每年有4000多万件紫砂陶器流向海内外市场。紫砂产品先后参加了日本、加拿大、阿尔及利亚、墨西哥、埃及、美国、孟加拉国等70多个国家和地区的展览，并畅销这些国家和地区。

紫砂壶特色之——用料

紫砂泥是大自然赋予宜兴的恩泽，是大自然的恩惠孕育了历代紫砂名匠、高手和艺术大师，历代紫砂艺人以其聪颖的知慧和灵巧的双手，为后人创造了蔚为壮观的壶艺天地。

古人描述的紫砂泥为“五色土”“岩中泥”“天青”“暗肝”“海棠红”“朱砂紫”“水碧”“葵黄梨皮”“墨绿”“黛黑”“栗色”“桐绿”“榴皮”等。紫砂壶材质泥料无论粗细，均温润质朴，体现温文尔雅的文人气质，《茗壶图录》中比喻紫砂泥色之多“譬犹天文之灿烂”。吴梅鼎誉紫砂之色“脱手则光能照面，出冶则资比凝铜。彼新奇兮万变，师造化兮元功”。

紫砂清新自然，天然去雕饰的气质一直受到欢迎。清代文人刘熙载认为：“始由不工求工，继由工求不工”。也是赞同自然美是至美的思想，美虽然由人创造，但要有不工之感。

紫砂壶正好符合这种审美思想。文之不饰者，乃饰之极，盖人饰不如天饰也。自然、返璞归真而不求修饰，是我国古典美追求的境界。《淮南子·齐俗训》中：“士无伪行，工无淫巧，其事经而不扰，其器完而不饰”。其中“器完不饰”在紫砂壶制作思想中得以体现。清代唐岱在《绘事发微》中说：“以笔墨之自然，合乎天地之自然，其画所以称独绝也”。紫砂壶材质美，是自然美的体现，是我国古典美学思想在日用器物中的表现，是紫砂壶的审美特质。

宜兴陶土矿是晚古生代沉积生成的泥岩和粉砂质泥岩。它的陶土夹杂于三个地质年代地层中，最古老的距今约 3.6 亿年前后的晚泥盆世生成的五通组，其次是距今约 3 亿年前后的早石炭世高骊山组，最晚是距今约 2.4 亿年晚二叠世的龙潭组煤系地层。当时宜兴以南一带为滨海湖泊环境，是广阔的坳陷区。气候比较炎热，氧化作用很强，在湖盆里沉积了质地细腻的粘土泥岩和粉砂质泥岩，夹杂在砂岩、砂页岩和煤系地层中。后期中生代的印支和燕山运动，使厚厚的沉积地层褶曲隆起，成为今天的丘陵山地。

宜兴的陶土品种繁多，广布于宜兴南部丘陵山区。丁山、张渚、渚东为主要产地。宜兴所产的各种天然陶土，都含有氧化铁。含量高的约在 8% 以上，含量少的在 2% 左右。泥料经过适当比率调配，再用不同性质的火焰烧制，可以呈现颜色深浅不一的黑、褐、赤、紫、黄、绿等颜色。

紫砂泥料理化性能是构成紫砂外观质地美的主要因素。紫砂原料成分中铁含量较高，紫砂胎质呈棕红色；石英含量较高，烧成后的紫砂胎质呈现出粗砂状粒子外观，比一般陶泥粘土质地更为丰富。原料还含有铜、钴、锰等元素，其着色作用使得紫砂色泽沉而不燥，赋予紫砂陶深醇古雅的色质。

泥料的种类与成分

宜兴紫砂壶所用的泥原料，统称紫砂泥。有紫泥、绿泥（也叫本山绿泥）、红泥三种。紫砂泥料制陶以紫泥为主。三种泥料均可单独制陶，也可互相掺和成其他色调。绿泥与红泥通常用作紫砂壶表面的化妆土，涂绘于器物表面，以达到丰富器物色泽目的。

紫砂泥含高岭石、石英、赤铁矿、伊利石、菱铁矿、针铁矿等多种矿物，是制作紫砂陶器主要成分。从化学成分分析，紫砂泥主要含有氧化硅和氧化铝，其次是三氧化二铁，其余钾钛钙镁钠等的含量均不到 1%。

紫泥，生成于甲泥矿层的夹层之中，因产量大而成为大宗产品的原料。由于矿脉不同和烧成时温度的变化，紫泥原料呈现出深浅不同的紫红色调，烧成后呈红棕色、深赭石色。紫泥出产于宜兴市丁蜀镇黄龙山，深藏于黄石岩层之下。矿体呈薄层状、透镜状，矿层厚度一般在几十厘米至一米左右，呈团块带状不延续，稳定性差。紫泥是宜兴得天独厚的原料，可塑性强，收缩率小，具有优良工艺性能，是制作紫砂壶最主要泥料。烧成温度约 1180 度，收缩率约 12%。

绿泥，又称本山绿泥，产于宜兴丁蜀镇黄龙山脉，生成于紫泥层与岩板夹层之中，有泥中泥之称。因含有伊利石、绿泥石等硅酸盐，原矿呈淡绿色，

被称为绿泥。绿泥的矿物组成主要为水云母、高岭石、石英、白云母等。烧成后呈米黄色。其藏量比紫泥少得多。泥质较嫩，耐火力也比紫泥低，一般用作胎身外的涂料或粉料，丰富紫砂器皿的色彩。

朱泥，又称红泥，产于陶土嫩泥矿内，烧成后呈朱砂色、朱砂紫或海棠红色。嫩泥是一种粘性原料，收缩率较大。朱泥的收缩率高达 30% ～ 40%，比紫泥大得多。含铁量高达 14% ～ 18%，这是朱泥烧成后壶身呈红色的主要原因。朱泥产量少，成型工艺难度大。红泥矿形较为琐碎，需要经手工挑选。周高起云：“石黄泥，出赵庄山，即未触风日之石骨也，陶乃变朱砂色。”早期除销往南洋的水平小壶用朱泥制作胎身外，一般只用作化妆土装饰在紫砂泥坯上。

1949 年前，紫砂陶土开挖主要集中在黄龙山大水潭附近。紫砂艺人对紫砂土名称没有确定称呼，统称野山红泥、青泥、底槽青等，当年开挖条件简陋，类似小煤窑坑道，只容一人通过，在黄龙山上留下了诸多小窟窿。开挖面小，条件差，接触到的紫砂陶土品种少，即使遇到特殊品种，量也小。解放后使用较大的坑道，开挖量增大。

20 世纪 90 年代，随紫砂热升温，矿上开始细分矿源。现在采用露天开挖，产量大增。一些稀少品种也大量出现。

紫砂矿呈岩石质块状，开采后需要经过人工精选，剔除矿土中的夹石、废土和较明显的含硫、含铁等物质，经露天堆存自然风化后分解为黄豆般大小的颗粒，俗称“生泥”，再一次加工后才成为成品泥，那就是“熟泥”。传统加工方法是用石磨碾碎过筛，然后加水经人工捶打。现在用机械加工粉碎成所需大小颗粒，加水后用真空练泥机制成熟泥，用于制作紫砂壶、紫砂花盆等。

砂泥料练制工艺处理流程如下：

矿体开采、挑选矿料（生料）、露天堆放（风吹雨打、日晒夜露数月至数年）、自然风化（矿体成松散小颗粒）、除去杂料、矿料粉碎（用石磨或轮辗机碾碎）、矿料过筛（根据泥料要求目数，用不同规格筛网筛选）、配料混合（纯原矿泥料无此工序）、加水拌和、练泥（手工泥采用人工木杵槌练或足踏或用滚石碾等；机制泥则采用机器设备真空搅练）、掇成湿泥块（手工泥切片成块，机制泥挤出切条）、陈腐养土（多放置地窖阴湿处和套缸内，且陈腐时间越长越好）、熟料（使用前需再对泥料练制一次，方能达到理想的可塑性和均匀度）。

从原料互配上：有原色泥原配和互配之分。史上有许多好的调砂泥，不同时期有不同代表性泥色和调砂特色，为收藏者和紫砂鉴赏家提供了历史作品鉴赏的内涵佐证。一件上好的紫砂陶艺品，特别是壶类，在使用中壶体表面肌理给人以细而不腻，形如豆沙或红木般的质感。

为丰富紫砂陶外观色泽，满足工艺变化和创作设计需要，紫砂艺人们通过将几种泥料混合配比或在泥料中加入金属氧化物着色剂，使之产生非同寻常的应用效果。一般名家对泥料配制各有方法，往往秘不示人，形成紫砂泥有些特定泥料成为某些名家代名词，也突显了名家艺术风格。紫砂泥若再掺入粗砂、钢砂，产品烧成后珠粒隐现，产生特殊质感。

紫砂泥料的功能特点

紫砂泥经过 1150 度左右烧成后，形成了残留石英、云母残骸、莫来石、赤铁矿以及双重气孔等物相，同时结晶相较多，玻璃相较少。这些特点便紫砂壶具备良好的实用功能。具体说来功能特点有：

可塑性强。紫砂泥颗粒粗细搭配适中，可加工成任意造型。以紫泥为例，它的液限为 33.4%，塑限 15.9%，指数为 17.5%，属于高可塑性，可任意加工成大小各异的各种造型。制作时粘合力强，但不粘工具不粘手。壶嘴、壶把可以单独制作后再粘到壶体上。方器的泥片可用脂泥粘接成型。高可塑性，为陶艺师充分表达自己创作意图，施展工艺技巧，提供了物质保证。

收缩率小。制品从成型到烧制，收缩约为 10% 左右，烧成温度范围较宽，变形率小。紫砂壶口盖能做到严丝合缝，造型轮廓线条规矩严谨。把手可以做得比瓷壶的粗，壶口面不怕失圆，与嘴比例合度，还可以做敞口器皿以及口面与壶身一样大的大口面茶壶。

泥色佳。紫砂泥含适量氧化铁和多种微量金属元素，烧制后制成品呈色古雅质朴。紫砂壶经长期使用、把玩、养护，会发出黯然之光。

实用性强。紫砂壶能够保持茶味、茶香、茶色，具有很好宜茶性。据测定，紫砂壶的吸水率为 1.6% 至 7.05%，具有良好吸附性能和透气性能。紫砂泥无需加配其它原料就能单独成陶。其成品陶中有双重气孔结构，一为闭口气孔，是团聚体内部气孔；一为开口气孔，是包裹在团聚体周围的气孔群。紫砂陶胎独特的双重气孔结构是它具有独特功能的最重要因素。

双重气孔结构的气孔微细、密度高，附吸力较强。而施釉陶瓷茶壶就比较欠缺这一功能。茶壶本身又是精密造型，壶口壶盖配合严密，位移公差小于 0.5 毫米，大大减少了混有细菌的空气流入壶内的渠道。因而，能相对较长时间保持茶的色香味，推迟了茶水变质发馊时间。紫砂胚胎能克服冷热急变产生的应力，即使冬天，沸水注入紫砂壶内也不会裂。高温烧造使紫砂壶使用泥料的各种矿物质发生化学变化，决定了紫砂壶优良的功能效用。与铜、锡、银、瓷等材质的茶壶相比，紫砂壶有“世界茶具堪为首”的美誉。

从生产制作的角度看，紫砂泥有如下特点：

成型后无需施釉。紫砂壶外形平整光洁，用的时间越久，把玩的时间越长，越会发出温润的光泽。为其它质地陶器无法比拟。

紫砂泥料的造型艺术表现力远超其他粘土，拓展了壶艺的造型领域。如紫砂壶在效果上能够做到方器线面挺括平整。花器与圆器的有机形态造型结构间的线、面过渡自然。这在其它陶瓷原料性能和成型工艺中往往较难做到，常把这类形体和形体结构，视为造型禁区。

紫砂材质的表现力和成型工艺使紫砂造型在形体、结构、形体与空间的处理上具有了紫砂特有的技法，较好地实现了紫砂壶的造型美。

紫砂泥诸多独特功能，为其它陶土所不及。紫砂壶之所以有千变万化的造型，与它的泥质特点相关。凭借独特的功能，紫砂壶从实用器物中脱颖而出，成为人们珍爱的赏玩之物。

紫砂泥的美学特性

紫砂壶的鉴赏标准常常用“泥、形、工、款、功”来概括，评价紫砂壶的优劣，首先看紫砂壶的泥质。紫砂壶闻名于世，固然与其制作技法密不可分，但基础还是紫砂泥的特殊优越性。紫砂泥质的美学特性一般分为质感美和纹理美。

质感美。紫砂中高含量的铁质使紫砂呈紫色调，而相当成分的石英含量，使烧成后的紫砂胎在平整的外观中蕴涵着点点砂状粒子。通过陶艺师对原料的不同炼制和配比，紫砂壶可以显现出多种不同效果的质地。

通过不同泥料的渗合、调砂、铺砂、绞泥以及化妆土等处理手法可以使紫砂壶的质地呈现出明与暗、灰与艳、粗与细、杂与纯、光滑与毛涩等诸多不同效果。如朱砂泥细腻柔滑犹如少女肌肤；栗色紫泥的色泽如同古铜钱般深沉古雅；调砂泥的砂质粒子若隐若现，光润之中蕴涵着立体的变化，使得整体色泽显得丰富多彩。

紫砂壶的外观是无釉彩的裸胎表层，但仔细察看壶体，泥质里可能会有金银砂闪闪的细微颗粒，甚至现出略有凹凸的表层，具有类似梨皮状的特殊肌理。形成这种材质肌理美主要是紫砂原料中石英晶体和未被熔化的云母残骸，留存于胎体结构中形成细微颗粒，在光线的照射下呈现金银砂闪烁状，宛若珠玑。紫砂壶胎体中的莫来石结晶和残存石英颗粒晶体构成的微晶结构对光的吸收和反射，使紫砂壶比普通红陶粘土茶具的质感更为丰富。

紫砂壶长期使用后，表面能养出如美玉般宜人晕光，使用时间越长，光泽越老成。藏家称之为包浆。《阳羡茗壶系》说："经久用，涤拭日加，自发黯然之光，入可见鉴。"在林古度《陶宝肖像歌》里也有"久且色泽生光明"的诗句。这种质感使得紫砂壶显得古朴，不媚不俗，犹如古物，让人感觉舒适、平实、自在，较施釉的瓷器略显得高雅脱俗。

纹理美。紫泥、红泥和绿泥是紫砂泥中的三种天然泥料，分别呈栗色、朱砂色和米黄色。传统泥料炼制就是以这三种泥为原料，在配比上进行调整，形成不同的色泽效果。在现代制作中，通过运用这三大天然泥料，加入少量氧化金属着色剂和陶瓷色料，控制适宜的窑火温度能创造出丰富多彩的紫砂壶的色彩。再通过诸如绞泥技法等可使多种紫砂泥料呈现出超出想像力的纹理之美。

绞泥是将两种或几种不同色彩的紫砂泥绞合而成的一种装饰方法，其装饰效果是在材质统一、肌理一致的情况下，形成色彩与纹理的变化，在视觉上产生冲击力，让器物产生装饰效果。这种手法可形成大理石纹理，雨花石纹理等效果，也可以加工处理形成类似各种动植物的肌理，如树的年轮等。

绞泥装饰的关键是泥色的协调及对应的配备，在适当配置泥色的基础上，分层粘合，扭曲变化。绞泥的特点是在图案设计上强调自然天成，避免机械呆板的图案构成效果，使画面呈现出自然的抽象美与装饰美，给人以多姿多彩的感觉。在触觉上是浑然一体的肌理效果，表面平滑润泽，丝毫不破坏器物的外形，装饰和造型融为一体。

紫砂泥料在色泽及肌理上的变化之多，效果之奇，使它成为陶艺创作理想的材料。紫砂成品总体上讲以质朴、雅致、内敛为准则，这也是紫砂壶艺质地美的魅力所在。在紫砂的肌理质感美、纹理美、茶汤滋味美等的综合作用下，紫砂壶的使用者、玩赏者得到审美体验。

紫砂壶特色之——造型

宜兴紫砂壶从明清到如今，造型一直是考量紫砂壶的主要因素。

造型之美，概括为型、神、气、态四要素。

型是紫砂壶的外型轮廓，是面相，是特征。

神是紫砂壶的韵味，是一种可以意会和体验的精神美。

气是紫砂壶的气质，制壶艺人的综合修养，通过壶这一介质形成的本质美。

态是紫砂壶的形态，因壶而异，高、矮、肥、瘦、刚、柔、方、圆各显其美。

紫砂壶造型千姿百态，样式难以确切统计。素有“方匪一名，圆不一相，文岂传形，赋难为状”之誉。总体上可以分为抽象图案造型和具象图案造型两种。

抽象图形造型指器身以抽象的几何形体为基础，以点、线、面结合为表现形式，其基本器型为方器与圆器，这与中国哲学思想中的方圆之道吻合。如果以壶喻人，则需外圆内方。圆器由各种不同方向和曲度的曲线组成，造型讲究圆、稳、匀、正，其艺术性要达到圆中有变，稳而不笨，比例匀称的艺术气息，显示出活泼柔顺之美。方器由长短不等的直线组成，方器方中藏圆，线面挺括平正，轮廓线条分明，给人以干净利落之感。其艺术造型规则是线条流畅、轮廓分明、平稳庄重，以直线、横线为主，曲线、细线为辅，器型的中轴线、平衡线要正确且富于变化。讲究外轮廓线组合，利用各种线条作为装饰变化，要求壶体光洁，块面挺括，线条利落。利用几何等分构图的筋纹器，要求口盖筋纹上下对应、转合时准缝严密。

具象图形则以自然界的物体为造型基础，如竹子、树木、青蛙等。

传统的紫砂壶造型，追本溯源，历代艺人主要从以下方面进行造型的创新与延续。

仿古代陶瓷器造型。如古代彩陶等生活用品。古代劳动人民的智慧为紫砂壶提供了参考摹本。半月瓦当壶，为清代杨彭年制，仿汉代瓦当，形体为半圆形扁壶，壶身上刻有壶铭。这款壶可以看出器型上对于古代陶器的模仿，还能从中看出清代文人对制作紫砂壶的参与。龙带壶，为明代时大彬所制，仿明永乐甜白釉三系把壶，采用龙带作装饰，整体泥色呈现浅褐色，时大彬早期学习紫砂技艺时比较喜欢模仿供春作品，这件紫砂壶是他的早期作品，造型极精致，除采用龙带作装饰外，壶体无多余装饰，系光货，但也可认为是光货和筋囊货的结合。紫砂壶对古代陶器的模仿，已不仅对外表进行简单模仿，而是将原来的形制进行加工，使其散发出新的精神内涵。

仿夏、商、周青铜器造型。如彝、鼎、罍、尊、觚、爵等。青铜器作为夏商周时期代表性器物，代表了当时的生产技术，汇聚了当时的思想观念，体现青铜时代的智慧和精神信仰。紫砂壶艺人在创作时，吸收青铜器鼎、尊、爵、盉等器具外形的精华，如紫砂仿古盉三足壶，是明代万历年间徐友泉参照青铜盉造型创制。作品造型古朴、大方，体现了徐友泉的创作风格。徐友泉仿制古代器物的另一件紫砂壶，是仿制青铜器中的打击乐器錞于。徐友泉作为时大彬的得意弟子，善于仿制古代器物，体现了古朴的意境。

仿古代器物造型的，还有秦权、玉器、钟、鼓等。秦权壶是清代所创壶式，器型以秦权——秦代的一种衡器为基础，加以改动而成，权是秤砣。秦权壶造型仿秦权，采用截盖，嘴为直嘴。这种参考古代器物器型的茶具，传承了古物的器型，也传承了那个时代的文化精髓。顾景舟制作的紫砂提璧壶，壶盖做成玉璧式故名提璧壶，整个壶造型庄重，壶体采用浑圆的抹肩线，仅将壶盖做成玉璧样式。井栏壶为经典曼生壶造型，仿古代井栏造型，它是清代文人参与制作茶具的典型代表，壶面上留有大量空白，便于文人在壶体上题诗作画。紫砂艺人们将这些古代器物作为紫砂壶造型来源，制成各种紫砂壶，使得人们在品茶时体会更多趣味。

仿瓜果花卉等动植物形象。如仿莲、松、竹、桃、柿、葡萄、梅等，再用浮雕、半圆雕手法装饰。清朝紫砂大师陈鸣远以南瓜为原型制作南瓜壶，以瓜蒂为盖，以瓜蔓为壶柄，以卷叶为壶流，制作时采用写真手法，不论瓜蔓、瓜叶或瓜蒂，形态、肌理十分逼真。汪寅仙所制蜜桃壶，造型来源于蜜

故宫藏宜兴窑紫砂彩绘百果执壶

年代：清晚期

尺寸：通高 9 厘米，足距 5.5 厘米

壶体呈圆球形，像生红辣椒作壶流，像生菱角作壶柄，腹下置三果实形足，肩部塑贴像生瓜子、蚕豆等，附倒置香菇形盖。该壶造型奇特，塑贴各种果实形象逼真。

桃，壶身为蜜桃形状，盖为桃叶，把为桃枝，整体和谐完整，造型逼真。竹是紫砂壶造型中常见的题材，竹四季常青象征着顽强的生命力，竹子空心代表虚怀若谷，其枝弯而不折，是柔中有刚的处世原则，生而有节、竹节必露是高风亮节的象征。竹是中国文人人格追求。高风亮节壶，以竹为原型，十六根竹组成壶体，排列错落有致，壶腰部以细软嫩竹穿插，竹子头上冒出嫩芽表现生命的顽强。作者以此壶寄托自己崇尚高洁的情操。荷塘月色壶将暗墨绿的荷叶化为壶身、壶嘴、壶把，壶盖上蹲一只青蛙，背青腹白，勾起人的想像。颇具情趣和画意。

仿实用器物。紫砂壶造型也仿照生活中常见的实用器物，如笠、筐、升、斗等器物。清末黄玉麟所制的紫砂方斗壶，以方斗为壶式而得名，壶身呈四棱台形，直流和壶把都为方形，安装在方斗形壶身对称的两个面上，体现出了浓郁的生活气息。清代杨彭年制，陈曼生铭的箬笠壶，器型源于斗笠。斗笠是以前农村用于遮阳遮雨的常见器具，也有文人隐居山水的寓意，将这种实用器具转化为紫砂壶造型，与文人雅士隐逸的风格非常接近。为增加该茶具文化气息，陈曼生在壶身上刻有“笠荫暍，茶去渴，是二是一，我佛无说”的铭文。意思是斗笠可以遮阳，饮茶可以解渴，这两种消暑方式是一回事还是两回事，佛祖没有直接的说明。这是字面的解释，其中所蕴含的真正的意韵则可因人而异。

仿几何图形，如菱花、葵花、多角多面形等。

紫砂壶造型特点分析

紫砂壶造型发展过程中，严格遵循美观与实用相结合原则，紫砂壶型一招一式都蕴涵着造型规则，既要外观美观，又要方便使用。紫砂壶以壶为主体，以把、盖、嘴、足为附件，由主体与附件共同构成紫砂壶造型。与其他陶瓷器皿相比，有着独特属性。可概括为以下特点：

均衡和谐

紫砂壶外观看似平淡朴素，细品之下却韵味无穷，这要归功于造型的均衡和谐。平衡感是产生和谐的重要手段，蕴含着丰富的内涵，使造型整体保持有机联系，局部细节处理适宜，达到单纯不失单调，复杂不失琐碎，厚实不失笨拙，灵巧不失纤弱境界，从而使人产生愉悦的美感。

紫砂壶凹凸变化是由造型附件形态构成的。如嘴、把、钮等对造型主体表面形成起伏变化，虽小却影响着整体的精气神。附件不仅是造型功能所需，很大程度上也是重要装饰构件。在比例上附件与主体体量相衬，过大则显得粗陋，过小则有残缺之感。

附件间互相呼应，一般壶嘴和壶把装配形式有两种：一是壶嘴和把在壶体两侧以对称形式展开，产生端庄效果。二是壶体两侧壶嘴和壶把都朝同一方向倾斜，这种处理形式，在取得造型均衡的同时，也产生动感。

重心和稳定性方面，稳，不仅使用时讲求稳定，视觉上也要求有安定感。紫砂壶为使用和制作便利，往往做成圆形或对称形体，这种造型以形体的中心线为轴，造型重心落在中轴上，壶底大小影响壶视觉上的稳定性。壶体肩、腹部的变化，也影响着整体造型的重心和稳定性。如壶体比较矮，底部较大，造型重心下沉，在视觉上形成造型的安稳感。石瓢壶，侧立面接近三角形，重心在壶体底部，但壶底以三乳钉状支脚架空，使造型稳而不重。如果壶体较高，底部较小，造型重心就沿中轴上升而产生轻巧感。小型竹节壶，肩腹重心位置靠上，而足根上部内敛，造型就显得轻巧。

虚实对比

紫砂壶造型外观并非实体一块，而是虚实相生，恰当的虚实对比有利于增进造型装饰性，是造型整体感的重要因素。整体造型中，以壶体为主的实体型是决定整体安稳与否的重要因素；把手、提梁围成的空间，以及由壶嘴、盖钮所形成的开放空间，则有着与大气相通的神韵，其形态使坚实的主体产生灵气，又能与主体形态产生对比与呼应。壶嘴或盖钮形成的开放空间，本身就有虚实变化，一般靠近壶体部分则相对具体而实在。

线面结合

历来紫砂壶的制作都很讲究线的处理。因为没有釉的包装，紫砂壶坯体上线条就格外清晰。紫砂壶线角与装饰是其通用装饰手段。通过凹凸疏密变化，凸显造型的刚柔相济，也被称作无纹之饰。

紫砂壶上的线有结构线与装饰线之分。

紫砂壶上的结构线是指形体的转折处，或面与面交接处形成的线，造型上称为线角。线角又有凹凸之分，凸者扩张、坚硬、刚强；凹者内收、含蓄、温柔。在一件造型上结构线经常不完全按面的交接形成的自然角处理，往往为了加强形式美感，在凸线角处，处理为钝角形或二至三个线角的复合形。这样使交接处不过于锋利、呆板，既符合形式美要求，又使造型更为生动。

紫砂壶上的装饰线是配合形体结构，为美化形体而制。有的为丰富线角变化，将过硬的线角缓和化，或将过于圆浑的线角挺拔起来；有的横向与结构线平行，形成重复渐变的节奏；有的竖向安排与器形主体边缘相一致，随主体形态起伏变化而形成宽窄疏密的韵律。装饰线也有宽窄、深浅、凹凸、

故宫藏宜兴窑紫砂提梁壶

年代：清乾隆（1736 ~ 1795 年）
尺寸：通高 13.8 厘米，口径 8.2 厘米，足径 7.3 厘米

壶体呈扁圆形，鼓腹、腹下渐收。短弯流，平底。附伞形圆盖，盖顶置太湖石形钮。壶柄为高架三叉提梁。砂泥呈黄色。

疏密、单双等处理手段，因形而异。

方圆相济

紫砂壶造型有方器也有圆器，还有部分方圆相间，方中有圆，圆中寓方，把直线和曲线组合起来，组合成一个个丰多彩的形态，达到既有对比又充满和谐的效果。圆器中往往可以见到刚硬的直线。方器又在边角上采用不同程度的抹圆处理，形成柔和的曲线。方中孕圆，刚而韧，更具有生命力；圆中寓方，柔而坚，更有力度。整体形态的边缘线由此连贯、流动、气韵贯通，边缘的凹凸变化又使这流动的线条有急有缓的转折，形成抑扬顿挫的节奏美，具有了中国书法的神韵。

紫砂壶丰富多彩的造型一般又常常归纳为光货、花货、筋囊货三大类。

紫砂壶光货

紫砂壶光货又称素器，以圆器和方器、六角形等几何形态为主要造型，也称几何体造型。它是紫砂壶中具有代表性的一种器物类型，特点为素面无饰、造型简洁，强调紫砂材质的特殊美感和精炼的造型语言。紫砂光器艺术的发展虽然只有几百年，但艺术形象已深入人心，以独特的造型体现着传统文化与审美。

紫砂壶光货线条简练，点面和谐，形象自然纯朴、简洁大方，富有古朴典雅的艺术魅力，以简练高雅取胜，是紫砂陶艺中最主要和最常见类别。

其造型设计常常根据球形、筒形、立方、长方及其他几何形变化形成的，多要求壶嘴、壶钮、壶把在一条直线上，壶口、壶嘴和壶把位于同一个水平面。壶把、壶嘴和整个壶身要达到和谐平衡，具有整体和谐的美感。

紫砂壶光货无额外装饰，造型是其灵魂所在。整体造型讲究器皿立面线条和平面形态变化以及形体各部位之间的比例关系。在变化中求统一，把复杂事物提炼成和谐平衡的整体，使各部分蕴含的内涵保持着有机联系。局部细节处理达到单纯不失之于单调，复杂不失之于琐碎，厚实不失之于笨拙，灵巧不失之于纤弱的艺术境界。产生让人愉悦的美感。

紫砂壶光货又可大致分为圆器和方器两种。

骨肉亭匀的圆器。圆器主要以圆球或圆球组合作为形态主要特征。圆器是最常见的陶瓷器物，在紫砂壶造型种类中比例较大。

紫砂壶圆器每种形态又以各种不同方向和曲度的变化而千变万化。制作圆器的名家有时大彬、惠孟臣、邵大亨、吴云根、顾景舟等。史料及考古发现揭示球体形的圆器历史最悠久。如南京中华门外马家山油坊桥司礼太监吴经墓出土的提梁壶便是圆器的一种，也是迄今发现有年代可考最早的紫砂壶。紫砂传统造型掇球壶、汉扁壶、仿古壶等都是紫砂圆器的典型造型。

紫砂壶光货圆器所谓的“圆不一相”是指圆器主要以圆球体、半圆球体、圆柱体、半圆柱体及锥形体等为基本形，造型要求圆、稳、匀、正。

圆，珠圆玉润之圆。紫砂壶一般要有肩、肚、足造型的过渡，圆中有变，整体达到圆润饱满的效果。

稳，造型稳定。要求造型比例及形制适宜，底足处理需满足视觉上的稳定感。

匀，造型匀称。要求紫砂壶主体以及构件的各部位过渡自然，曲直得当，结构比例匀称，整体与局部结构和谐。

正，制作严谨。要求紫砂壶制作精准规范、端正挺括。

圆珠壶。最典型圆器，讲究造型饱满圆润，盖钮要珠圆玉润，壶身求稳定但不臃肿，圆中透出灵巧。

掇球壶。圆器的代表器物之一，盖钮、壶盖、壶身相叠的三球比例匀称，给人稳定的感觉。整体造型厚重不笨重、稳重不失活泼，尤其是下面二球的连接处，这部分虽然没有容水的功能，但作者从审美角度把壶盖、壶口造型向高拉伸，使圆器多了壶口部分的直线，圆中有了方直的造型，壶整体造型显得挺拔。高颈造型强化了壶盖、壶身两球状形态对比，使壶的形态多了古朴少了臃肿。三球连接出的曲线自然柔和，与流鋬结合处简洁流畅，符合整体形态要求。

井栏壶。紫砂光器传统器形之一，栏壶造型源于古井，线条简洁明快。陈曼生井栏壶上有题刻“井养不穷，是以知汲古之功”，意思是传统文化值得我们学习，就像井水一样源源不绝。由形到文，给人以美感。题刻文字富哲理，耐人寻味，而壶的造型和题刻内容相扣，供人体悟诗词。

挺括稳重的紫砂壶方器。

紫砂壶方器是紫砂壶光器造型的又一基本款式，造型由长短不同的直线组成，线条挺括平整，轮廓线清晰分明，在视觉上带给人一种明快挺秀、干净利落的感觉。

紫砂壶方器以方作为基本形，用长短不同的直线构成四方、四方锥、六

故宫藏宜兴窑紫砂扁圆执壶

年代：清雍正（1723 ~ 1735 年）
尺寸：通高 8.1 厘米，口径 8.3 厘米，足径 7 厘米

直口、扁圆腹、短直流、环形柄。盖面饰浮雕柿蒂纹。浅赭色砂泥，布满白砂点。砂泥颗粒较粗，但粗而不涩。

方和八方等。由于制作工艺上常把六方、八方器物归为筋囊器，所以方器造型有时仅指四方体、四方锥以及它们衍生的变形。有“方非一式”之说。在基本造型处理上，将方器与圆器、筋纹器元素结合，可派生出不同制式方器，如上圆下方，上方下圆，口方盖圆，口圆盖方等。方器成型工艺较为直观，由于采用泥片镶接成型的方法制成，所以叫镶身筒。方器造型规则要求为以直线、横线为主，曲线、细线为辅，器型的中轴线、平衡线要正确、匀挺而富于变化。

紫砂壶造型中典型的器物有方壶、合斗壶、方中壶、汉方壶、四方桥顶壶、六方壶和传炉壶等。

方壶是最典型方器，清代陈曼生曾于方壶上题：“外方内清明，吾与尔偕亨”。既是对方壶形态的形容又以方正清明比喻做人的道理。方壶中的垂线和水平线给人正直刚毅的感觉，鋬的造型同样方方正正，是对壶身造型的强化。倾斜的流则给壶带来动感，动静结合，打破了沉闷的气氛，体现紫砂光器造型的和谐本质。

合斗壶壶身为两个升斗相合造型。身筒由八块等腰梯形泥片镶接而成，壶身虽扁，但造型大方，线面挺括。流、鋬和盖钮以四方弧形为造型，与壶身的方形成对比。

紫砂壶花货造型也称塑器、自然形体。主要是把自然界自然形态用浮雕、半浮雕、堆塑等造型制成仿生形态的壶。

故宫藏宜兴窑“玉麟”款紫砂覆斗式执壶

年代：清（1644 ~ 1911 年）

尺寸：通高 7.5 厘米，口横 5.7 厘米，口纵 5.7 厘米，底横 9.8 厘米，底纵 9.8 厘米

壶体呈上小下大覆斗形。壶身刻篆体“子孙宜”三字。壶内底钤“玉麟”篆书款。砂泥呈姜黄色：滋润细腻。

“玉麟”即黄玉麟（1812～1913 年）清代道光、成丰年间制壶名家，善制掇球、供春、鱼化龙诸式壶。

紫砂壶花货

紫砂壶花货又可以分为两大类：一类是整体或局部模拟自然形态，往往取材于人们常见的瓜果、动植物等造型，如南瓜壶、梅段壶、竹段壶、鱼化龙壶等；也有以几何形体为主，仅在壶嘴、壶把、壶钮等部位局部施以堆雕装饰，如碗梅壶、双线竹古壶等。

另一类模仿古代青铜器、漆器、玉石器及包、称砣等器具，如僧帽壶、汉钟壶等。这类紫砂壶造型通常带有浮雕、半浮雕装饰，制作时需要使用捏塑、雕刻等多种手法，既要满足特定的功能，又要表现出模拟对象外在特征。明代供春树瘿壶是已知最早的紫砂花货。

紫砂壶花货特点是自然逼真。紫砂泥良好的可塑性和丰富的色彩，使它可以加工成各类不同造型，粘合力强，还可将局部做好后再粘合到主体上加以雕琢与修饰。陶艺师用精湛的技艺把紫砂泥做成各种模样逼真的器皿，形态惟妙惟肖，色彩也可以以假乱真。

紫砂壶花货的另一特点是富有神韵。神与韵是紫砂壶花货艺术感染力的体现。如果仅模仿自然物，艺术价值未必高，源于生活还须高于生活。通过不同手法的处理，让自然常见的形态通过提炼与升华，在保持逼真的前提下，拥有独特的神韵，才能给人们带来更多的乐趣与享受。紫砂壶花货通过对自然的概括、取舍、夸张、创意等进行艺术创作，突出其精神，丰富其意韵，

故宫藏宜兴窑金漆紫砂竹节执壶

年代：清（1644 ~ 1911 年）
尺寸：通高 15.5 厘米，口径 6.5 厘米，底横 12.5 厘米，底纵 11 厘米

壶体呈十根竹节团抱式。直腹，长弯流，环形柄。附平顶圆盖，盖内钤“志进”款。壶流、柄、钮皆作竹节形。紫砂作内胎，外而满饰金漆。

达到自然天成的特色风格。

紫砂壶花货造型涉及紫砂陶艺中的多个品种，如壶、盆、瓶、杯、文房雅玩等均有花货制作的名家和名品问世。紫砂壶传统造型中的鱼化龙壶、翠蝶壶、松竹梅壶、荷花壶等都是紫砂壶花货造型的经典之作。既满足实用要求，又兼顾良好的观赏收藏价值。

花货成型一般以纯手工为主，包括堆、雕、贴、镂等工艺，整体造型讲究巧形、巧色、巧工。巧形是造型设计构思奇巧，达到视觉美观与触觉舒适，功能合理，理趣兼顾。巧色是巧妙利用泥料天然色泽突出作品主题。巧工系用高超雕镂捏塑技巧塑造作品，得形神兼备艺术效果。如常见的南瓜壶、梅桩壶等。

评价花货作品，主要探究其形、神、气、态、韵、精、功等多种艺术效果和自然天成的特色风格。

紫砂壶筋囊货

紫砂壶筋囊货造型也叫筋纹货、筋瓤器、筋囊器、筋纹形体。是将自然形态规则化、结构形体精确化、工艺制作精巧化的一种陶瓷造型类型。仿照自然界的瓜棱、花朵、云水纹等自然形体再经过艺术抽象与提炼引入紫砂壶造型之中，纹饰通体自钮顶贯串至底心，不再仅仅是点缀性的装饰，而与造型融为一体。

故宫藏乾隆款宜兴窑紫砂胎绿地粉彩描金瓜棱执壶

年代：清乾隆（1736 ~ 1705 年）
尺寸：通高 11.2 厘米，口径 8 厘米，足径 8 厘米

壶体呈瓜棱形，圆腹、圈足、弯流，耳形柄，附伞形瓜棱盖，盖顶置圆珠钮。紫砂胎，盖及腹部饰绿地粉彩描金莲花蝙蝠杂宝纹。通体金彩为主，其间杂以红、黄、蓝等彩。外底署金彩篆体“大清乾隆年制”六字三行款。

紫砂筋纹随造型将形体分作若干等份，常见的有三、六、八、十二、十八之分，可以纵横变化分割，也可以作回旋处理。筋纹线条纹理清晰，疏密变化得体，凹凸有致，规范整齐而又生动流畅，是一种严谨的造型结构。其造型重点是俯视角度下追求平面形态上的变化。

紫砂壶筋纹货器造型口盖衔接严密，可以各个角度互相置换，平整合缝。传统造型的合菊壶、瓜菱壶、水仙花壶、玉兰花壶、葵花壶等，都属筋纹器造型的经典作品。体现了秩序、节奏之美。

筋纹器使紫砂壶造型活泼多样，打破了单调格局，增添了艺术情趣。由于造型来源于古青铜器等，因此筋纹器往往古朴雅致，稳健优美，造型简练大方。经过艺术抽象的花瓣、瓜果等自然形态，使得造型整体古朴中见秀逸、厚实中见变化，明快而富节奏，给人以古朴典雅的感觉。

自明代中叶起，宜兴紫砂壶广泛流行，到了清代，紫砂壶在工艺造型、堆塑和配色方面有较大改进，制作日益精进，并始进入宫廷，流传海外。筋纹器造型也在原有基础上增添了许多新造型，如半菊、菱花壶等，这些艺术品在清代就相当珍贵，有“寸柄之壶、盈握之杯，往往珍同拱璧，贵为珠玉”的说法。

近年来，各种新理念、技术在紫砂壶制作上广泛应用，各类创新壶也不断问世。如类似雕塑作品的紫砂壶。从外观上看类似具有艺术性的紫砂雕塑品，在适当部位设计壶嘴、壶把、壶盖等，又具泡茶功能。还有在壶做好之后，趁壶坯未干时，用外力挤压壶体，俗称摔壶，如果壶体没有摔破，可入窑烧制，烧成特殊造型的紫砂壶。

流鋬盖钮的造型美

壶身造型奠定了紫砂壶的风格与基调，流、鋬、盖钮、足的造型则是对壶身造型主体的呼应与装饰。

《周易·系辞下》中："物相杂故曰文"，说明物象和谐统一的整体是"杂多"的有机统一。在壶身作为整体的主导下，配件与壶身有着变化与统一的关系。通过配件造型变化，紫砂壶造型静中有动，体现中国传统美学和而不同，变化统一的理念。在追求静态美的紫砂壶中又有了动态的活力。

壶嘴

壶嘴又名流，为倒茶水而设置。为保证出水通畅，收水时不滴水流涎，壶嘴长短、粗细、光滑度、安装部位和出水孔等都有严格的工艺要求。壶嘴出水和断水的状况与流的形状有较大关系。平口嘴比舌口嘴出水圆，舌口嘴则比平口嘴断水佳。常见的出水孔有单孔（独孔）、网（状）孔和球孔（蜂窝孔）三种。明代紫砂壶嘴根部出水孔多为单孔，清代中期开始做成网孔，20世纪70年代出口日本的紫砂壶一度做成球孔。

壶嘴的类型。壶嘴有一弯嘴、二弯嘴、三弯嘴、直嘴和鸭嘴五种主要样式。如二弯嘴出水平和，加上高耸的提梁与稳定的壶身，在使用中出水平和且心静手稳，每个细节中都透出平静的气质。壶嘴向外倒水的开口处虽然只是一个口，其形状却与倒水时控制水流和切断涎水有关。壶嘴开口处各不相同，各具形式特点，一般可分为椭圆开口、圆三角开口和方圆开口。

壶把

壶把古称鋬。鋬，即器物上用手提起的部分。为便于握持而设计，一般安置在壶肩至壶腹下端，追求方便和舒适，壶嘴、钮和把要求三点一线。壶把具体又分端把、横把和提梁三大类。

壶把具明显时代特征：明代紫砂壶的端把较大，形式较为舒张；清前期端把呈耳形，规格变小；清中期以后端把又呈现倒耳形，有的耳形端把下部有小垂饰。明代紫砂壶提梁的环体趋于圆浑，清代中期则多见扁提梁或六方提梁。

体量较大的紫砂壶，经常采用提梁形式。在使用中着力点更接近中心，力臂短，提携倾注更为省力。审美方面，高提梁营造出的空间与壶身产生对比，使整个壶突出挺拔轻盈的感觉。顾景舟和韩美林两位大师共同设计的“此乐提梁壶”突出壶身和提梁之间的虚实关系。此壶壶身呈上窄下宽扁鼓形，钮也是扁圆形，造型上把壶身尽量垂直压缩，而提梁高度却有壶身高度的两倍有余，而且自下向上渐宽，呈倒梯形。底部厚重踏实，上部轻盈灵巧，衔接处微向内缩，为全壶平添了几分精巧。

流鋬造型虽千变万化，其根源则在曲直对比上。直线刚毅正直、曲线委婉从容，具体到形态中，语义又有变化。曲直线的搭配组合，构成了不同的抽象空间，形成一种抽象的审美特质。

流鋬与壶身衔接有明接与暗接两种，明接，即壶嘴、壶把、壶钮与壶体的连接处有较为明显的界线；暗接，则指连接处无明显的连接痕迹，与壶体浑然一体。紫砂壶圆器流鋬若采用明接手法，流鋬与壶身连接干脆，不影响壶身曲线，对壶身造型有强调作用；若采用暗接则达到流鋬与壶身浑然一体效果。紫砂壶方器流鋬采用暗接手法可实现曲直结合效果，使器物造型不呆板，较少采用明接。

壶盖

壶盖具防尘和保温作用，是茶叶、开水放入处。盖上一般有孔，气孔主要用来疏通合盖后壶体内的气流，倒茶时，入气出水，同时也防止壶盖合上时，壶体的气压使水从壶嘴溢出。

根据盖与口的关系，紫砂壶壶盖可分为嵌盖、压盖和截盖三类。紫砂壶壶盖在制作上有严格的工艺要求，壶的盖要平整严密，盖内子口要挺直，口和盖的配合应满足直、紧、通、转四项要求：

直，指盖的子口要做得很直，斟茶时壶盖不会脱出；

紧，指盖和口之间严丝合缝，但又能够开合自如；

通，指圆形的盖和口要圆得规整，保证盖合时旋转平顺；

转，指方形和筋纹形的口盖，盖合时可随意盖合，而且盖合严密，纹形不差一致。

壶盖一般由壶钮、气孔、盖面、盖板和盖延构成。壶钮是为方便揭开壶盖设计的。壶钮造型往往依附于壶体形态，壶钮虽形态各异，但钮的大小宜与壶体保持合适比例，过大则头重脚轻，过小影响整壶造型。从造型看，壶钮一般可分为四种基本类型：几何形、桥形、筋纹形、肖形。盖延是指深入壶口部位，主要起卡住壶口作用，以免茶壶倒茶时壶盖掉落。

壶足

壶足的形式和尺度直接关系到紫砂壶的平衡性，影响紫砂壶视觉美。壶足主要有一捺底、加底（挖足）和钉足三种类型，每种类型又可结合不同壶式特点而有所变化。壶足与壶体的连接方式也有明接和暗接两种，一般直挺方正的壶式宜用明接，圆润浑朴造型的壶式则多用暗接。

紫砂壶的乳钉足借鉴于青铜器足的形式。乳钉足往往运用在身筒造型重心较低的紫砂壶类型中。如石瓢壶，其三乳钉足所围绕的空间与圆锥形的身筒形成巧妙的虚实对比，整体造型也多了几分轻巧。利用造型设计所体现出的韵味使紫砂壶的造型更加简洁直观。

紫砂壶其他附件

飞

飞一般处于壶把上端，也有处于壶把末端和下端的，带飞的壶把被称为飞把。

系

系用于装置软提梁，一般对称出现在软提梁壶壶体的肩部，两系居多，也有四系、六系。有桥形、月牙形、半圆形和环形等多种形式。系大多以紫砂泥制作，也有用金属等其他材料制成的。

在紫砂壶发展的不同时期，各类造型的壶均有制造，但每个时期发展的主流会偏重于不同造型、不同艺术风格。作为适用于中国茶道的紫砂壶，其造型与以与茶事活动相契合者为佳。作为用手直接拿取的紫砂壶，要符合人体工学特点，如壶把的位置和高低大小粗细等均应与人手形相适应，以便于取用。泡茶要倒水便利。紫砂壶主要构成部件壶身、壶盖、壶把、壶流、壶钮构成位置、型制、大小、材质要和谐统一等。

近年来，紫砂艺人的艺术境界大为提高，思路更为开阔，不再囿于传统方法的限制，使造型变化又有了新的长足发展。

紫砂壶特色之——工艺

紫砂壶的制作工艺、成型方法，有手工（打身筒）、半手工（模具）、注浆、旋坯和印坯等几种。

成型工具

工欲善其事，必先利其器。这里的“器”，就是指制作工具。一件紫砂壶，从紫砂泥到成品，需经过多道复杂工序，要完成这些工序，一是要靠艺人们的制作技艺，二是要靠繁多的制作工具，两者缺一不可。

工具在紫砂工艺中占重要地位。紫砂成型工具，经过历代艺人不断摸索、创新，已形成一整套自成体系的工具，数量众多，质地有铜、铁、木、竹、牛角、皮革等各种材料。

紫砂成型工具的制作颇讲究，既考虑外观造型，更要适合实际使用。很多工具由制壶艺人自制，即使买来的工具，也为常常要经过自己加工、修整以后使用。最常用的工具的包括：

一、搭子 搭子是成型主要工具之一，用于打泥条、片子和捶嘴，把泥片等。搭子用材一般选用榉木、檀木、枣木等，取材要干。搭子使用后用湿布擦净放干燥处，避免阳光晒，也不能用来拍打硬物。

二、拍子 拍子主要用于打身筒，拍片子，拍口。材料以红木为佳，拍子用过后不能浸于水里，宜放干燥处，要避免单面受潮，要防止拍子开裂。

三、尖刀 尖刀种较多，分铁尖刀，竹尖刀，通嘴尖刀，弯尖刀等。尖刀是用于琢嘴把，琢钮，转足，革小平面等的一种普通而常用的工具，是一种雕塑工具。材料有钢、铜、老竹等。其形中间宽，一头尖，一头稍狭圆，

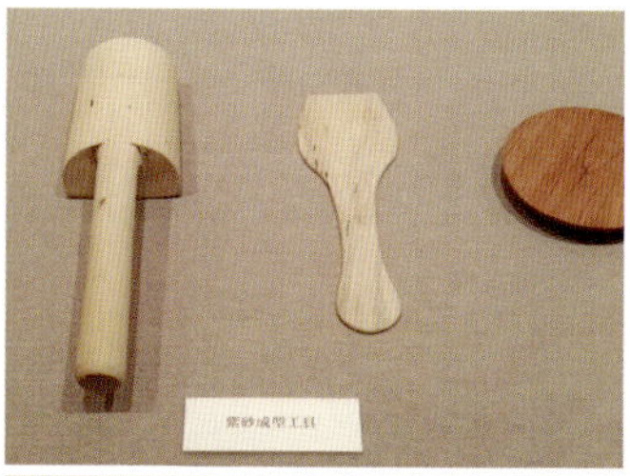

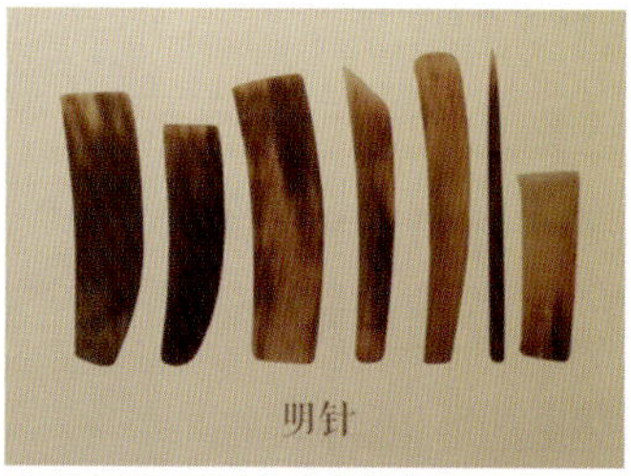

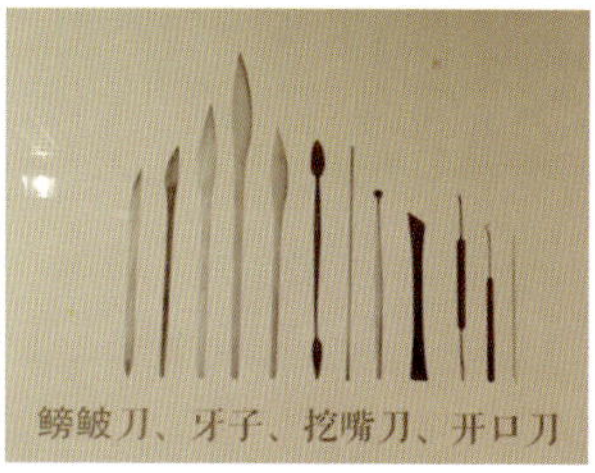

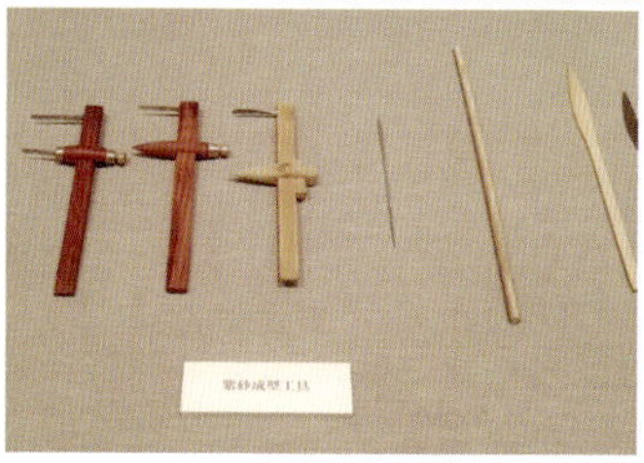

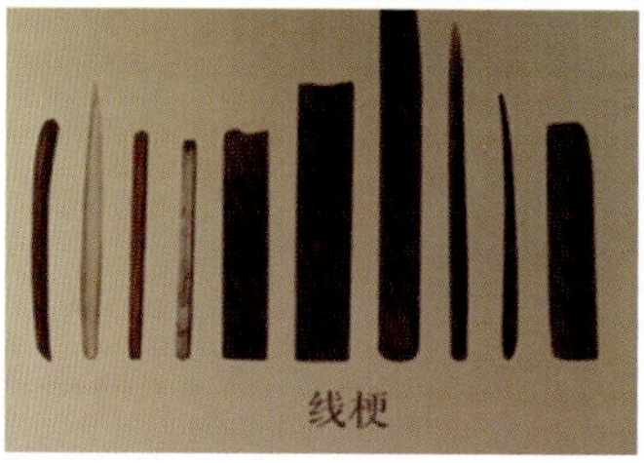

两面线条对称，中间厚，边上薄，成弧形。尖刀根据不同用途选用，厚薄，宽窄要求不一。

四、刀 刀是成型中使用最广的工具，在制作过程中，用刀进行切、削、钎、挑、挟、挖、刮等，从开始到结束都使用。做刀的材料最常用的是钢，刀锋需要常磨。

五、矩车 矩车又名规车，专门用于划圆片，开口。矩车分为车柄、车钉、站人、销钉四部分，矩车柄选用不易变形的竹子，站人用竹老头做，矩车钉铁制，销钉一般竹子做。

六、线梗 线梗是用于勒光各种装饰线条的工具。线梗有牛角制、铁制、塑料制以及竹制等。线梗是制作成型工具中较难掌握的一种工具。

七、明针 明针是牛角片，一种用于作品表面精加工的工具。制作明针时头子要刮平，要从上到下慢慢地薄下去，明针使用时浸在清水中，不用时要捞起擦干。

八、矩底、泥扦尺 这两种工具都用竹子制成，矩底又叫底据，垫底，是垫在矩车的站人下面划片子所用，中间开一圆眼。泥扦尺用于起泥条等，一般用节距较长的竹片制成，从柄到头要逐渐薄下去，并且慢慢狭窄，背面要平正，口要齐，一面成刀口状，握柄处一般正好有一个竹节。

九、勒只、篦只、复只 勒只是用来光口颈、底、足与身筒交接处的工具，制作材料有牛角、竹子、黄杨木等。它根据不同的角度，弧底磨成所需形状。篦只用作于整形，可篦去身筒上的小疙瘩或小隙丝，主要用筒片、木板制成。篦只要肩、肚，底分开做，不能一个壶造型只用一只篦只。复只是用来复子泥的，一般用 2 ～ 3 毫米的竹片或明针做成。

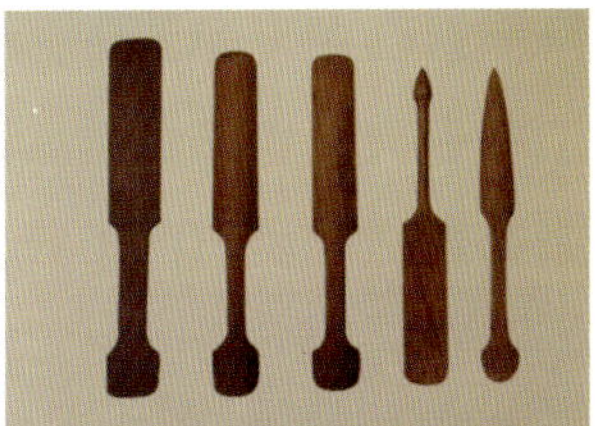
竹拍子

十、竹拍子 竹拍子有大、中、小及尖头拍子等几种。大、中拍子是抽身筒用于做方货用，小拍子用于推身筒接头，掠子泥，推墙刮底，做嘴把等；尖头竹拍子可做壶嘴等。

十一、挖嘴刀、铜管 挖嘴刀用于挖嘴洞，用 2 ～ 3 毫米粗的钢丝加木柄制成。铜管用于钻各种大小洞眼，用铜皮卷成圆筒，长度 10 ～ 12 厘米，在两头制成刃口。

十二、独个 用于圆眼，圆嘴的工具。在做花货，树桩壶等时也可作雕塑工具用。竹子做的独个具有爽泥、耐磨等优点，且取材容易，削制方便。独个一般有两种，一种是平头的用作独盖眼的，另一种是两头尖的（一头粗，一头细）。用作独嘴洞及其它洞眼。

十三、水笔帚 这是用布扎成的用于带水的传统小工具。打身筒、琢嘴、把、琢钮等都是离不开它。优点是存水多，带水方便。特别是做粗货，坯体太燥时，可直接沾水带在坯体上。

紫砂成型工具除以上介绍之外，还有很多，这些工具都是实践中产生，并不断完善发展，是几百年来紫砂艺人智慧的结晶，它与传统紫砂工艺相辅相成、不可分离，不仅关系到艺人操作的便利，还与作品的质量相关。

紫砂壶成型方法，有手工（打身筒）、半手工（模具）、注浆、旋坯和印坯等几种。其中手工成型是传统制作方法。制作技艺的关键是成型和坯件表面的精加工。《阳羡瓷壶记》记载：“良工虽巧，不能徒手而就，必先器具而后制度精”。紫砂艺人需要良工、佳器、美材三者结合，才可能创造出精致的紫砂壶。紫砂壶有一套成型方法，具体有十多个步骤，若是复杂壶型，制作工序可能是数十个。每一步骤都重要，都直接关系到最后的成品是否合格。

目前紫砂生产往往是手工拍打身筒，用模具校准造形。这类做法是现在意义上的手工制作。石膏模在紫砂壶成型过程中是一种准形的辅助工具，用途是将打好的泥片或身筒放入石膏模具内挤压成型。壶坯制成后再用竹片、明针、刀具及其它专用工具，对已接上颈、脚、嘴、把手的壶口、身、盖等的表面和壶内进行括平、修整、拉桨等。

1972 年起石膏模型成型法开始推广，本法简化了成型过程，有利于实现批量化生产。石膏模型成型法主要用于花货和雕塑这类造型复杂多变的器型，有助于形制规范化和产品的批量化生产，提高形制的准确性和生产效率。其副作用则是造成产品造型单一，缺乏创新。

紫砂壶制作技艺的关键是脱空成型和坯件表面精加工。精加工指用竹片、明针、刀具等专用工具对已接上颈、脚、嘴、把手的壶口、身、盖的表面和壶内进行精细的括平、修整、拉浆，这是紫砂壶成为工艺品的关键之一。它的作用在于：紫砂熟泥颗粒大小不一，成型时坯体表面呈现高低不平，在精加工过程中，用上述工具将坯体整平，并把隆起的颗粒向下挤压，使坯面平整光润。这时坯体外表形成一层较细致的表皮层，这层表皮，是一层细腻的泥浆（烧成后就是结晶体）而内壁面虽在打拍泥片时也受拍打，但往往是稍事加工，泥料颗粒之间相对疏松，烧成后制品表面成梨皮状，而疏松的内部呈现一定的气孔率。

要使紫砂达到“脱手则光能照面，出冶则资化凝铜”的工艺效果，须把坯体处理得器形结构严谨，轮廓饱满线条分明，筋瓤纹理清晰的制作要求，都需依靠成型精加工，同时精加工也是提高坯体粘度的重要手段。紫砂壶精度高，减少了混有细菌的空气流向壶内的渠道，成为紫砂壶泡茶不易发馊变质的重要原因之一。具体可以分为以下十三个步骤：

一、打泥片、泥条、身筒

用泥搭子也叫木槌打，打的厚度要均匀。无论是做全手的或是半手的，每把壶都要打泥片。需要技术与体力。打身筒是紫砂壶独特的成型方式，把打好的泥片根据壶身的形态进行裁切。

二、围身筒

将打好的身筒在转盘上根据壶身尺寸围成圆筒并用脂泥粘接好，然后转动转盘拍打成型。打身筒的过程是制壶艺人对已设计好的造型进行再认识和推敲的过程，在转盘不断的转动中，壶身曲线随竹拍不停地变化，越来越规整自然。泥片的宽度决定了壶的高度，泥片的直径和泥片的宽度固定了，壶的容量基本就定了。本步骤是做壶的关键，技术含量高。

三、上底片（壶底泥片）、上瞒片

封住空气的泥片，在底片对立位置，里面被封住的空气量也讲究，尤其方器，方形器物一般采用镶身筒的方法分片粘接。封多少空气，什么时候放、放多少，需凭经验。上壶足，有圈形，有三个或者多个脚、上壶颈、上壶口线片。做壶盖时还需上泥片、上壶帽、上子口等。

四、蓖身筒

针对壶身外部的处理，一般用竹制工具，利用竹子的圆弧，用工具修整，使得竹子的圆弧符合壶的圆弧，制作过程中，壶身可能有的地方凹陷有的地方隆起，需要用竹制工具处理，使造型光洁规正。造型不同，此竹制工具也不相同。

五、复脂泥

也就是加的意思，对壶身上的线条进行处理，在壶身上需要线条的地方，复上脂泥，一般是用壶的同一种泥料，但含水量略高，相当于粘结剂，脂泥准备较讲究，里面空气越少越好。有时在制作过程中在壶表出现了凹陷，也要复脂泥修整。

六、开嘴孔

针对壶流、壶身的出水孔、壶盖上出气孔而言。要求圆孔利于出水，本步骤决定成品壶的出水效果。技术要求较高。有人做的壶出水效果很好，有人做一辈子壶，这问题仍未能很好解决。制壶艺人之间，对于这个步骤，一般秘不示人，类似于泥料配比，也属保密范畴。

七、做壶嘴做壶把

本步骤决定壶的流、把的粗细。

八、做壶钮

壶钮，又称的子，用竹管等制作，做出来的钮类似球体的较为常见，也有其他各种形状。

九、装嘴、装把、装钮等

把单独做好的流、把、钮等粘结到壶身上，讲究流、把、钮在一条线上。

十、光身筒

光壶身和流、把等。壶表面的光洁就是靠明针光出来的，明针的使用，非常讲究手法，难度很大。

十一、过渡处处理

主要是针对线条和各部件过渡处的处理，需要做壶人极大的耐心。

十二、推墙刮底

进行壶内部处理，作用是让壶底泥片的内部以及壶底和壶身的连接处的泥结合更紧密，同时把一些细小缝隙处理掉。

十三、打把章、打底章

这是最后一道工序，壶口朝下，用小木柱抵住打印章部位，打上印章。

紫砂壶的烧成工艺

紫砂坯件经高温煅烧，发生系列化学和物理反应变化，使产品呈固定形态，并在应用上达到必要性能，称为烧成。它是陶器制作后期的重要工序。宜兴紫砂壶 20 世纪五六十年代以前主要使用龙窑烧制，20 世纪五六十年代之后推广倒焰窑、隧道窑、电窑等多种窑炉。

考古资料显示，唐代时，宜兴已建有龙窑。紫泥、段泥和本山绿泥等产品一般在龙窑中部烧成，红泥产品一般在龙窑尾部烧成，色泽黑的产品则在龙窑下部掇罐下脚部位烧成，在茅柴灰和砻糠灰还原烟熏下形成。

炼制紫砂壶的龙窑一般利用山坡自然地势，用砖筑成斜坡式穹形隧道，一般长 30 至 70 米，顶端高约 1.2 米，倾斜度为 8 至 20 度，分为窑头、窑床、窑尾三个部分。龙窑背脊两旁每距 1.3 米开一个鳞眼洞，用来投放燃料和观察火焰温度。烧制前，需要将陶坯装入用耐火陶土制成的匣钵内，一窑可装约 3000 个匣钵，每个匣钵可容约 9 把壶，烧制一窑，约 2 万多件紫砂壶。烧制时，鳞眼洞由下而上逐个燃烧，斜坡式结构使火焰自然上升，热能得到利用充分。烧成温度控制在 1200 度左右，生产周期约为 4 天。

清嘉庆二年《重刊荆溪县志》载："明清时期，宜兴之古龙窑遗址，主要分布于鼎山青龙山南北麓、川埠、宝山寺、蜀山、汤渡、西瓦窑、潜洛、上袁、均山东、蠡墅石灰山等一带。大小龙窑多有五十余座，不少窑厂烧造紫砂器皿"。至 1937 年，丁蜀地区共有龙窑 76 座，其中烧制紫砂的窑 10 座。

为了提高紫砂器成品率，1957 年后，倒焰窑、隧道窑、电窑等陆续投入使用，以煤、重油、电、液化气等作热能，只需几小时便可烧成一窑紫砂器，生产周期大大缩短。目前紫砂器的烧制以液化气窑或电窑为主。

气窑由温度仪表和测温标测定窑内温度，用白色石棉和保温砖保温，紫砂壶装入窑内，烧制约 9 至 10 小时，当窑内温度降温到与窑外气温接近时，便可开窑。烧成时又有氧化和还原气氛区别，烧成的壶色有所不同。

电窑结构简单，面积较小，外形像箱子，炉膛呈长六方体。电窑无需通风设备，加热空间紧凑，空间热强度高，热效率高，产品不受烟气和灰渣影响，不需要通风设备，温度调节灵敏，控制精确。目前宜兴小型工厂和个人业主主要采用箱式电阻炉来烧制小批量紫砂壶。

紫砂壶特色之——装饰

紫砂壶仅仅靠泥质和造型就表现质朴裸胎之美。紫砂壶材质素朴，表现力好，泥质固有的优点，使得泥料在经过窑火烧造后，表现出优于其他茶具的特点。各种泥料烧成成品后的视觉美和触觉美通过使用者泡茶、把玩而充分体现。烧成后紫砂壶的色泽、纹理、材质感给人的视觉感受极具特色。

紫砂壶的装饰经历了从无到有，从简单到繁复的过程。

紫砂泥料的特殊表现力以及泥质的特点，是制壶艺人各种艺术思想的表现载体。紫砂装饰技法主要有陶刻、印纹、泥质肌理、泥绘、绞泥、捏塑、贴花，透雕、镶嵌、彩釉以及其他工艺装饰。这些技法的形成和创新，增添了紫砂壶装饰的美学意蕴。从主题内容看，紫砂装饰艺术揉文学、书法、绘画、篆刻等艺术于一身，在紫砂壶体上所镌铭的内容用于装饰，吟咏茶的诗词、短句，从论茶道、壶道延伸到哲学、伦理等领域，增加了紫砂壶的文化内涵。

茶具有实用性要求，也有艺术性要求。两者属性兼备才能更好地满足茶具在茶文化方面的要求。紫砂壶因历代文人参与，在装饰艺术上，使用书法、绘画、陶刻等多种方式，大大增加紫砂壶的文化价值。

唐代茶文化形成。当时茶具多运用较大弧度外向曲线。如陶瓷茶具、金银茶器等造型近于球体，具有圆润丰满之美，这与唐代社会崇大、崇丰满的审美思潮一致。唐中期出现汤瓶，其流较短，短鋬，造型饱满大方，与唐时雍容华贵的气势协调，具鲜明时代特点。从装饰和色彩看，多运用繁盛的植物纹题材和丰富多彩的色彩，表现出形态舒展、华美的艺术效果。

宋代陶瓷茶具造型简洁优美，器皿比例恰当，感到减一分则短，增一分则长，达到了完美地步。宋代茶壶的壶流多修长，其壶嘴设计尤为精巧，与宋代流行点茶的饮茶方式不无关系。点茶需壶嘴出水有力，落水准，干净利落。故壶嘴口圆而小，出水呈抛物线形，流出的水富线条美。

元朝贵族统治者既强悍又追求奢华享受。元代陶瓷器皿厚重、粗大，反映当时工艺美术豪放、刚劲的艺术风格。宗教内容装饰题材和为宗教所用的器皿都较为常见。元代贵族统治者非常重视使用金银材质的茶具，如碗、盏、杯、盘和壶等。

明代茶具风格充实而不浮华，概括而不繁琐，具有端庄、敦厚的特点。形成了宫廷工艺和民间工艺两大体系。宫廷工艺细巧严谨；民间工艺则具浓厚生活气息，质朴、自然。

明代的茶具无论造型还是纹样，装饰性都很强。明代紫砂茶具开始吸收多种装饰手法，创新并发展了诸多适合于自身的装饰技法，探索出紫砂壶花货的浮雕、贴雕等；探索出几何类紫砂壶的线条装饰，用书法、金石、绘画等传统文化以适当的装饰手法表现在壶体表面，所表现内容与饮茶切合，大大增加了饮茶活动的文化艺术氛围，使紫砂壶具有更加多元的文化内涵，为使用者赏壶带来美好的心理享受，为茶文化发展做出了贡献。

刻画装饰

刻画装饰是紫砂壶光货的主要装饰手法。明清以来，随着文人士大夫参与紫砂艺术创作，宜兴紫砂壶在装饰上开始注重吸收其它艺术精华，书法、绘画的引入，使紫砂壶开始出现壶随字贵，字随壶传，字画壶艺相得益彰的局面。书法、绘画停留在纸面上属于视觉艺术，迁移到紫砂壶表面后，展现出一种独特的与刀刻相关的肌理之美。

刻画装饰是用锋利的刀在紫砂壶生坯上雕刻出楷行、草、隶、篆、钟鼎文、石鼓文等各种字体的诗词语句。正、草、隶、篆等不同字体随刻刀表现在砂器上呈现不同风格：正楷讲究行刀稳健、果断，制作完成的字体规矩、清秀、端正、严肃，笔划挺刮利索，刻痕呈倒三角形状；草书、隶书写法上强调一气呵成，下笔有神，体现在肌理上就有着深浅，粗细的变化；隶书和篆书等带有明显装饰性，体现在陶刻上具有金石之感。

最早的紫砂陶铭是元明时期的隐士孙道明，他在紫砂罐上刻上“且吃茶，清隐”的草书，铭文表达了隐士无可奈何的人生感叹。曼生壶是清代篆刻家陈曼生设计的紫砂壶，曼生壶上的铭文简约生动、耐人寻味。他设计的方壶，壶铭为“内清明，外方直，吾与尔偕臧”。铭文与方壶的造型相统一，体现设

故宫藏宜兴窑“阳羡若制”款紫砂刻花题字扁执壶

年代：清(1644 ~ 1911 年)
尺寸：通高 9 厘米，口径 7 厘米，底径 9.7 厘米

壶体呈扁圆形，唇口，短颈，平底。附伞形圆盖，盖顶置圆珠钮。短弯流，环形柄。壶腹部一面刻行书体“数片含黄”四字，落“少林刻”另一面简刻折枝花纹。壶内底钤“阳羡茗壶”四字双行款印章式款。

计者的人生态度和经验。陈曼生设计的斗笠壶铭文：“笠荫暍，茶去渴，是二是一，我佛无说”，意思是“笠能够遮阳，防止太阳的晒，茶能够去烦涤暑，这是一样的事情还是不一样呢，我佛没有说法”。壶铭耐人寻味。

茶壶铭文体现紫砂壶文化魅力，铭文可以记事、寓意、比拟、言志、寄情，言简意赅、经过精心构思，切壶切水；或抒情写景，或诙谐讽喻，可以是文人杰作，也可以是制壶艺人在制坯时，把自己的感受凝缩成文字；或抄录唐诗宋词于壶体，是壶铭融文学、书画、篆刻于一体，体现了深厚的文化气息。

刻画白描花卉、虫鸟、山水、人物等，将文字、书法、绘画、篆刻等艺术集于一体，大大增加了紫砂壶的艺术气息。山水、人物、动物、花鸟的刻画手法与书法的刻法类似。陶刻过程中运刀的轻重缓急，陶土中细微颗粒的作用，刀的锋利程度，用力的轻重，都会留下不同的痕迹。整体看，一幅好的陶刻作品所形成的肌理之美引人入胜。尤其人物画在陶刻上的表现力比纸面上更为细腻，在紫砂壶的表面，锋利的刻刀刻出一条条细线，利用线的光滑粗涩表现出不同的质感，形成与纸面迥异的肌理之美。

泥绘装饰

泥绘装饰是指用泥浆在器物表面进行装饰，即在紫砂壶坯体成型后，对上面雕刻的字画采用粉料着色。泥绘的泥浆可以用同器物一致的色调，也可以用对比色调。泥绘在紫砂壶坯体上用调制好颜色的紫砂陶土涂在壶体上，根据上色一般原则，先上浅色后上深色泥料，使得紫砂壶壶体表面的画面更形象逼真，在壶坯高温烧成后，所上的颜色鲜艳亮丽，不会褪色。调制的紫砂陶土用青、绿、红、白等有天然紫砂陶土颜色的矿物或将其按一定比例混合配成想要的颜色。泥绘的泥浆可细可粗，烧成后形成的肌理也不一样。泥绘不同于浮雕，它利用泥浆的干稀、笔触的强弱变化，形成油画般的肌理效果。

泥绘装饰贵在得体，在造型美和装饰美的结合上下功夫，充分体现紫砂工艺美、功能美。采用泥绘的壶的造型宜质朴文静，方能更好体现砂壶原味，还需讲究权衡比例和使用功能。

雕塑装饰

雕塑是琢刻去部分泥料，使形象鲜明生动。

塑，是用紫砂泥料塑造人物、动物、植物的形象。捏塑，达到类似圆雕或高浮雕的效果。贴塑，达到类似浅浮雕的效果。贴塑常用不同颜色的泥，以丰富塑造对象的自然效果。以雕塑工艺装饰的紫砂器，就是花货。常常将微型小巧的人物、动物、花卉或果品等作雕塑，装饰在壶盖、壶脚、壶

故宫藏宜兴窑紫砂彩绘百果执壶

年代：清乾隆（1736 ~ 1795 年）
尺寸：通高 9 厘米，足距 5.5 厘米

壶体呈圆球形，像生红辣椒作壶流，像生菱角作壶柄，腹下置三果实形足，肩部塑贴像生瓜子、蚕豆等。附倒置香菇形盖。该壶造型奇特，所塑贴各种果实形象逼真。

嘴、壶把上，或在造型表面以饰以简洁的浮雕装饰。这些雕塑可以给光货的整体造型以画龙点睛之感。雕塑装饰使紫砂壶与自然具象相结合，富对比性。紫砂器雕塑工艺的运用起源于紫砂器的成熟期，众多制壶高手都是雕塑高手。

肌理装饰

肌理装饰是利用紫砂陶材质的结构肌理和表面肌理变化产生装饰效果，做成丰富多彩的肌理效果，一般有调砂、铺砂、表面材质质感、绞泥四种方法。

调砂

调砂可增强泥料可塑性，因为泥料太粗制作费劲，太细则易黏手，调入合适的砂，更方便制壶。成品里面含砂，增强了透气性，更利于泡茶。制壶高手首先是炼泥和调砂高手。历代制壶大师除精于选泥外，还善于调砂，但各家一般都保守独家调砂秘密，以保证自己做的壶与众不同。

调砂装饰工艺是在练生泥时加入一定比例或粗或细的熟或半熟砂粒，提高颗粒密度。调入的颗粒和基泥属于同一种矿料，称为本色调砂；调入的颗粒和基泥属于不同矿料，称为异色调砂。

本色砂调入原泥中，因泥料质性相同，烧成后胎质色泽不会发生较大变化，但基泥中的颗粒含量会有所增加，起加强坯体骨架作用，因为砂在烧制的过程中收缩小，提高了成品率。一些性质较软的颗粒，还需对颗粒先进行600至800度的素烧以增加强度。如朱泥泥料收缩和变形率比较大，不利于单独制作大型器具，需借助调砂增加坯体强度，这样的坯体烧成后整体收缩及变形减小，提高了成品率。

异色调砂因调入的颗粒和基泥色泽、质性不同，会产生不同的色泽效果。如果调入颗粒质性较硬，则烧成后器物表面颗粒凸显，呈粗梨皮状；调入颗粒质性较软时，烧成后器物表面会产生细微的凹状点。颗粒质性越软，凹点就越明显，形成犹如桔子皮状的肌理效果。

铺砂

铺砂装饰工艺是指紫砂坯体制作过程中，把不同泥色的熟砂——烧好的紫砂，敲碎成直径一毫米大小砂粒，采用铺、点、撒等方法，施于尚有

故宫藏宜兴窑"玉麟"款紫砂瓜形执壶

年代：清（1644 ~ 1911 年）
尺寸：通高 25 厘米，口横 6.5 厘米，口纵 5.1 厘米，底径 10 厘米

壶体呈瘿节状，短流，枝梗状柄，底随形内凹。附瓜蒂形盖，盖内钤"玉麟"阳纹方印。

一定湿度的坯体（即生胚）的表面，然后敲打平整，使砂粒嵌入坯体表层。铺砂主要起点缀装饰作用，使烧成后的紫砂器表面铺入的砂点和胎质色调形成鲜明的对比效果形成"珠粒隐现，光闪夺目"。一般是深紫色的紫泥上铺黄色段泥点。铺砂颗粒的质性一般要求高于或等于坯体颗粒质性。若质性较软，会造成制作时颗粒拖尾及烧成后因颗粒收缩而产生和胎质不相融现象。

表面材质质感肌理

表面材质质感肌理装饰是指模仿其他材质的表面质感肌理，如光树皮、松皮、石头、南瓜皮、竹子、皮革等。

绞泥肌理装饰

绞泥肌理装饰是指利用不同色彩的泥料绞结起来，形成木纹、石纹等自然纹理，纹理分布于壶身，或某个局部。绞泥手法的关键是要选用收缩率基本一致的不同颜色泥料，这样才能在高温烧成后获得理想效果。

线条装饰

紫砂壶线条装饰需专用工具制作，线条装饰种类较多，不同装饰线条所处位置不同，对紫砂壶装饰效果也不一样，主要有以下几种：

故宫藏宜兴窑紫砂扁圆提梁壶

年代：清乾隆（1736 ~ 1795 年）
尺寸：通高 17.7 厘米，口径 5.5 厘米，足径 6.8 厘米

壶敛口、垂腹、圈足。细长弯流，肩部架起圆形提梁，柄两端各饰象首雕饰伞形盖，盖面雕莲瓣纹，盖顶置圆珠钮。浅赭色粗砂泥，泥质古朴。

灯草线

灯草线是形状类似灯草的小圆线，故称灯草线。把这样的线条应用于紫砂壶的口沿处，也称翻口线；将其用于底足部则称为底线，将其单独或成组使用，用于壶体、壶肩、壶腹等处可增强紫砂壶造型的装饰效果。

子母线

子母线是一种双线，有两条线，其中一条线较粗为粗线，另一条线较细为细线，子母线也称文武线，一般将子母线应用于紫砂壶口盖与口沿处，将较粗的线设计在上边，较细的线设计在下边，这样的装饰使得整体壶型安定稳重。

云肩线

云肩线利用线条不同的粗细、宽窄、厚薄给人以不同的视觉感受，云肩线装饰紫砂壶，可以使紫砂壶具有韵律和节奏感，在应用云肩线时应做到线条均匀、清晰。云肩线用于紫砂壶颈、口下沿等转折部位，会使紫砂壶造型更具变化，又不失庄重大方。

凹肩线

凹肩线是一种双曲线，可对紫砂壶肩部进行装饰处理，使紫砂壶造型富于变化、有节奏感，同时加强产品造型稳重感。

筋囊线

筋囊线是一种与壶体横截面垂直的线条，该线条根据需要将紫砂壶形体分成若干等分。筋囊线的灵感源于自然界有等分瓣纹形态的瓜果，筋囊线随着壶体本身的变化而变化，线条深浅适宜，使紫砂壶具有规则、严谨的装饰效果。这些装饰线条大大丰富了紫砂壶的造型，增强了紫砂壶的装饰性效果。

印版装饰

印版装饰包括印纹装饰和印贴装饰。

印纹装饰

印纹装饰常见的有回纹线、菱形纹、缠枝纹、如意形纹、子母线等，常用于壶肩或壶盖周边装饰。在具体设计时分印板和印章两种方法。

印板法是在模板上刻好设计的纹样图案，然后再用泥片在印板上压印，将压印的纹样泥片镶接成型，制成壶。

印章法是把装饰图案刻在印章上，然后在壶盖、壶肩等部位重复排列压

故宫藏宜兴窑紫砂阴阳文字扁方执壶

年代：清（1644 ~ 1911 年）
尺寸：通高 13 厘米，口横 5.2 厘米，口纵 3 厘米，足横 9 厘米，足纵 6.8 厘米

壶体呈长方柱形，斜直壁，方形曲流，方形柄。附四方平顶盖，盖顶置梯形钮。腹部两面均刻有诗文装饰，一面刻行书诗文，另一面刻隶书诗文。外底钤印篆体“茶熟香温”四字双行印章式款。砂泥呈姜黄色。“茶熟香温”款是清代道光、成丰时期紫砂名家中锡的印章款。

印，如回纹、缠枝纹等装饰图案，呈阳文和阴文两种。

印贴装饰

印贴装饰是指将装饰纹样的一个单元制成模型，压制若干单元粘贴到已成型的坯体上，达到结构严谨，精细统一的装饰效果。

彩釉装饰

彩釉装饰始于清康熙时期，是在宜兴传统泥料彩绘基础上吸收“粉彩”瓷器的装饰技法形成的一种装饰手法。清中期紫砂壶大量外销，为迎合欧洲人崇尚华丽的心理，宜兴制壶艺人开始在紫砂壶上涂彩加釉，推动这种装饰手法的发展。

彩釉装饰是在烧过的紫砂壶上用釉料彩绘或满壶挂釉，图案包括花卉、山水、人物等，再将施过釉的壶再次回炉，进行二次烧制。开始时是在紫砂壶上施五彩，以后又出现施珐琅彩、粉彩、蓝白彩、点彩、“炉钧”等。紫砂壶上的珐琅彩、粉彩出现在乾隆时期，蓝白彩、点彩出现在嘉庆、道光年间，“炉钧”则出现于清代中晚期。到了近现代，由于人们更看重紫砂壶的本色，彩釉装饰技法已经较少运用了。

镶嵌装饰

紫砂镶嵌装饰是将一些材料镶嵌于处理过的壶体上，使紫砂壶具有端庄、富丽堂皇的气质，适用于豪华、高档陈设。紫砂壶镶嵌装饰源于铜器的错金银工艺、红木家俱和漆器的螺钿工艺。此种装饰工艺是在紫砂壶未烧之前，将所要表现的图形在壶体上刻划好，烧成后再加工。这是一种新兴的紫砂装饰手法。具体有金银镶嵌装饰、色泥镶嵌装饰、瓷珠镶嵌装饰、螺钿镶嵌装饰等。

金银镶嵌装饰

金银镶嵌装饰经历代紫砂艺人的努力，紫砂壶渐成珍贵收藏品，许多人以拥有一把名贵的紫砂壶为自豪。为了显示高贵和富裕，20 世纪 70 年代初期，宜兴紫砂工艺厂鲍仲梅等人，将金银丝镶嵌在砂壶上，方法是在半干的坯体

故宫藏宜兴窑紫砂描金题诗山水图方执壶

年代：清乾隆（1736 ~ 1795 年）
尺寸：通高 10.5 厘米，口横 6.4 厘米，口纵 6.4 厘米，足横 6.9 厘米，足纵 6.9 厘米

壶方体、方流、方柄。短弯流，耳形柄。附四方盖，盖顶置方珠钮。壶底下承以四方折角包边足。通体以金彩装饰，腹部一面金彩绘山水楼阁图；另三面以金彩题乾隆皇帝御制五言诗《御制雨中留余山居即景》，诗曰：“径穿玲珑石，檐挂峥嵘泉。小许亦自佳，昨来龙井边。”盖面绘金彩缠枝纹，口沿处印回纹，外底印篆体“乾隆年制”四字双行款。砂泥呈紫红色。

上，按设计好的图形，刻成燕尾形凹槽，烧成后再精加工，将金银丝嵌入槽内，压紧后打磨平。点、线、面均可加工。用此种装饰方法，质朴的紫砂壶增添了华贵气息。装饰图案一般采用极细的金丝、银丝等组成各种线形图案，可抽象也可写实，在装饰中，金丝、银丝与紫砂表面成为一体；银色或金色的色彩和紫色的器物产生出强烈对比，金属质地的光洁明亮与陶器的粗涩起到了对比肌理之美。

色泥镶嵌装饰

色泥镶嵌装饰其方法是在紫砂壶的坯体上用刻刀刻划出有一定深度的图案，再将加工过的紫砂泥条嵌进图案中一次烧成。色泥装饰可以在紫砂壶的表面形成朴素优雅、浑然天成的图案和纹理，增添紫砂壶的丰富内涵。

瓷珠镶嵌装饰

瓷珠镶嵌装饰是近年兴起的新型装饰艺术。以往紫砂壶雕塑装饰中小动物的眼睛，都以与紫砂壶同类的紫砂泥做成，颜色较近，不易分辨。现将微型瓷珠嵌进雕塑小动物的眼眶内，然后与紫砂壶坯体一起烧成，瓷珠紧紧嵌在小动物眼中，使小动物的眼睛炯炯有神，起到了画龙点睛的艺术效果。

螺钿镶嵌装饰

螺钿镶嵌装饰是20世纪80年代末期试制成功的，采用胶粘镶嵌工艺，在半干的坯胎上刻出设计好的图形凹槽，放入炉窑中烧制，待烧成后再加工。可采用多种材料装饰，使紫砂壶装饰具有耐磨、耐高温、不变色、不易脱落等特点。

壶名、壶印装饰

紫砂壶造型千变万化，每个壶都有名字，壶名可以体现作品深厚的文化意蕴和作者的创作思想，可以给人以美好的想像。东坡提梁壶是一种高把提梁壶，苏东坡有诗句“松风竹炉，提壶相呼”，后人将这提梁壶命名为“东坡提梁壶”来纪念他。思源壶，其外形如古井，壶上铭“思源”二字，表现饮水思源的典故寓意。

印章随着文字的发展而产生与发展，印章早期在封发物件时盖在封泥上，防止私自拆开。后来印章又被书画家用于书画中，书画的作者与书画一一对应，防止作品被假冒，同时又装饰了画面。

印章用于紫砂壶始于明代供春，目的是便于识别作品的作者，印章文化与紫砂壶结合使紫砂壶有了更深一层次的文化内涵。早期在壶底、壶身刻款，后来在盖内、把梢、子口使用印章，壶身铭文署款及钤印。存世紫砂壶作品中，有刻款或印款的壶，为鉴定作品提供了有价值的依据。现代制壶名家在作品上的落款大都出现在三个部位，壶盖里面：名章；把梢：姓章；壶底：姓名章。也有盖内二方印，把梢二方印章，姓和名并用，也有印或刻并用。也有在壶体上结合壶的形态、装饰等落款的。

紫砂壶特色之——功能

紫砂壶作为茶壶，功能是第一位的，也是根本的。紫砂壶在独特的工艺下，通过其材质、造型表现出良好的功能，即紫砂壶的功能美。

这种功能美是在物满足人的需要后使人感到愉悦。紫砂壶制作作为民间工艺能一直延续至今非但没有衰落，反而更加兴旺，是因为它具有其他的工艺美术类型替代不了的功能性，好用是第一位的。

在茶文化发展过程中，茶的饮用方式是茶文化发展的主因。茶的饮用随着社会发展而发展。古人最初将茶树上的青叶采摘下来煮成茶汤，随后为中和茶的苦涩而佐以食盐和香料、薄荷等，一直延续至唐。当时的茶具按陆羽《茶经》描述，有二十八种，饮茶用具是碗，以陶瓷为主。宋朝时，社会饮茶之风大兴，上至帝王诸侯下至市井百姓都热衷饮茶，茶的饮用方式就丰富了，点茶法是当时最为流行的。这时的饮茶用具主要为盏，最上乘的是黑釉盏。明太祖朱元璋废除点茶法，饮茶方式改为简便的冲泡法，茶文化的历史进入了一个新时期。饮茶器具也由繁到简，茶壶开始盛行。这一饮茶方式的改革，为紫砂茶壶的出现奠定了基础。

茶自被饮用开始，就和陶瓷结下不解之缘。茶具一直是陶瓷生产的重要门类。随着社会经济发展，人们对茶具的要求越来越高。紫砂壶的出现正好使茶具的发展达到了新的高度。

明朝学者周高起在《阳羡茗壶系》中写道 :“近百年中，壶黜银锡及豫闽瓷，而尚宜兴陶，又近人远过前人也。陶曷取诸？取诸其制，以本山土砂，能发真茶之色香味”。

日本学者奥兰田著有《茗壶图录》，书中写道 :“茗注不独砂壶，古用金银锡瓷，近时又或用玉，然皆不及于砂壶”。

紫砂壶是中国传统器物中文化与技术的完美结合，体现了传统文化的传承和发展。紫砂壶在茶文化中具有特殊地位，茶与紫砂壶的结合是茶文化的创举。茶文化成就了紫砂壶，紫砂壶推进了茶文化的发展。

宜兴紫砂壶功能之美与其独特的用料是分不开的。紫砂陶土又称五色土，现代科学分析紫砂泥的主要矿物质为石英、粘土、云母和赤铁矿等，紫砂泥具备良好的可塑性、生坯强度高，干燥收缩率小。烧成之后的器物，平整的表面含有细小颗粒，如豆沙细而不腻，温润如玉。随着岁月积累，壶体会愈加散发光泽，气韵温润。收藏家把紫砂壶的保养称作养壶，在明朝的《阳羡茗壶系》中对此也有描述：“壶经用久，涤拭日加，自发暗然之光，入手可鉴”。

清代陈浏在其陶瓷学专著《陶雅》中赞赏紫砂壶：“壶嘴不淋茶汁，一美也；壶盖转之而紧闭，拈盖而壶不脱落，二美也”。明代文震亨著《长物志》对紫砂壶也有相关记载：“壶以砂者为上，盖既不夺香，又无熟汤气”。这都是对紫砂壶的造型设计、工艺水平和特殊材质优良性能的赞美。

紫砂烧成后具有双重气孔结构，使用中表现出适茶性，即紫砂壶的内壁能够吸收茶汁，经常使用会形成一层茶锈，即使只在茶壶中倒入沸水也能有茶的清香。这主要依赖紫砂泥在烧成后形成双重气孔结构。

一重气孔指紫砂泥内部的团状颗粒自身含有的气孔。这些团状颗粒主要有石英团粒、云母团粒、粘土团粒、赤铁矿团粒等；第二重气孔指的是包围在团状颗粒周围的连续的微小颗粒所共同组成的链状气孔。

链状气孔由较为细腻的粘土、石英组成，它断断续续，几乎连接整个壶身。壶坯成型后，需要对表面进行压光，即过明针。这道工序需要使用经过抛光处理的牛角片或塑料片对壶坯的表面进行刮压。经过刮压的坯体表层泥料中的团粒更加紧密，在烧成中这层被压光的致密表层很容易被烧结，烧成后紫砂壶的外部会形成一层细腻结实的表层。双重气孔结构和这层致密表层共同构成中空结构，起着保温透气而又不透水的特殊功能。

紫砂器的烧成温度在 1040 到 1250 之间不等。紫砂工艺的烧成温度，使紫砂壶成为介于陶与瓷之间的低温炻器。这种结构的功能类似于保温瓶的真空内胆，有利于茶水保温。且紫砂壶是陶器，烧成后有较高的气孔率，有着“泡茶不走味，贮茶不变色，盛暑不易馊”的特点。

紫砂泥料耐热急变性能良好，天冷的时候直接注入开水不会破裂，并且热量传导缓慢，使用时不会烫手，还可直接把壶放在明火上加热。这是其它陶瓷茶具不具有的特性。紫砂壶无釉彩及其他装饰，无需担心某些彩釉茶具可能含有重金属元素的危害。

紫砂壶与其它艺术品区别是它既有的艺术价值，又有实用价值。紫砂壶的实用性能，也是人们喜爱它的主要原因之一。紫砂壶的艺术审美价值可以在使用中品味，如果失去了实用的功能，艺术价值也将大打折扣。紫砂壶功能美表现在容量适度，高矮得当，口盖严紧，出水流畅，便于执握等几个方面。

容量适度。容量适度是指紫砂壶容积恰当。紫砂壶是用来喝茶的，过大与过小都会影响实用功能。陶艺师在设计造型时，都会考虑壶的容量。按目前大多数饮茶者的习惯，一般壶容量设计在 200 至 300 毫升之间，手提时只需举手之劳。

高矮得当。紫砂壶的高矮是指壶身的高矮。茶壶是用来泡茶的，其高度不能随心所欲，有一定要求。过高会造成茶失味，过矮又会让茶水容易从口盖溢出。不同高度的壶有着不同的实用功能。高而口小的壶适宜泡红茶；矮而口大的适宜泡绿茶。

口盖严紧。口盖严紧是指壶盖与壶身的紧密程度。在壶制作过程中，口盖严紧是一项评判其制作工艺的重要标准。因为这牵涉到造型的美观与独特，又确保了壶身优异的功能性。茶汤不易变质就是由茶壶本身精密造型决定的：壶口和壶盖位移公差只有 0.5 毫米，口盖形式作成压盖结构。紫砂壶口盖严紧大大减少了的空气中细菌流进入壶内，保证了茶汤不易变质，这是紫砂壶的一大

故宫藏宜兴窑紫砂胎泥绘烹茶图题乾隆御制诗文执壶

年代：清乾隆（1736 ~ 1795 年）
尺寸：通高 9 厘米，口径 5.6 厘米，足径 6.6 厘米

壶体呈扁圆形，鼓腹，圈足。弯流，耳形柄。附伞形圆盖。腹部一面饰委角长方形开光，开光内题乾隆御制七言诗《雨中烹茶泛卧游书室有作》，诗曰："溪烟山雨相空濛，生衣独坐杨柳风。竹炉茗碗泛清濑，米家书画将无同，松风泻处生鱼眼，中泠三峡何需辨。清秀仙露心诗脾，座间不觉芳堤转"句未钤圆形篆体"乾"字及方形篆体"隆"字闲章。另一面泥绘松树山石图。砂泥呈紫红色。

特点。有“壶盖转之而紧闭，拈盖而壶不脱落”的说法。张燕昌也在《阳羡陶说》中说“壶制之妙，即一盖可验之，随手合上，举之能吸起全壶”。虽说不是每把壶都可以“举之能吸起全壶”，但从一定程度上体现出了紫砂壶盖口优越的密封性能。紫砂壶的制作工艺中，壶盖与口的制作最能彰显其工艺水平。

出水流畅。古人有赞誉紫砂壶出水有“三尺不飞花”的特点，紫砂出水的部分叫流，即壶嘴。流从功能上可分为直流，弯流，和二弯流三种。早期紫砂壶采用直流较多，直流，顾名思义出水直，这种流出水冲力大，水柱集中，不易飞花，比较典型的壶有：石瓢、水平等；一弯流，是最常见的流的造型，这种流如果制作合理，出水跟直流一样有冲劲且有漂亮的弧线；二弯流，常见于明中晚期到清早期的紫砂壶上，采用二弯流的壶往往比较高，壶体高大于宽，且流与壶身连接处比较低，这样设计的好处是壶嘴的水位有相对较高的落差，可以产生比较大的水压，从而应对二弯流对水流产生的阻力。

清代李渔《闲情偶寄》：“凡制茗壶，其嘴务直。购者亦然。一曲便可忧，再曲则称弃物矣。盖贮茶之物与贮酒不同，酒无渣滓，一斟即出，其嘴之曲直可以不论。茶则有体之物也，星星之叶，入水即成大片，斟泄之时，纤毫入嘴，则塞而不流。啜茗之快事，斟之不出，大觉闷人，直则保无是患矣”。总体上，直流和较直的一弯流往往设计在壶上部，一弯流和少量二弯流设计在壶中部，二弯流大多在壶下部。因为在壶上部开口出水，水流的状态近似平淌出来，直流和一弯流出水不受阻力，水流可以顺势流淌，形成有力的水柱；在壶身的下部开口出水，因为存在水位落差，水流出状态是带有压力的，如采用直流出水冲力会过大，采用二弯流可给水流带来适当阻力，较好缓解水位差带来的压力，形成完美的水柱。在壶中部出水的效果介于以上二者之间。

便于执握。壶是用来泡茶的，要求壶把握起来舒适方便，使用时手部握力能够恰到好处。壶把力度应接近壶身受水时的重心，使得倒水顺手而流畅。而壶嘴与壶把必须在一条直线，分量要均衡。明清工匠在不断摸索和总结，为出水顺畅且有冲力，明清的工匠制壶中对于流的造型功能把握有独到的见解：“设计壶嘴的造型，要根据拇指挺直后的曲线与流的曲线作比较，如果两条曲线能贴合，说明这种流冲力大”。在制壶艺人中间还流传这样一句话：“把随壶身走，嘴随把尾出”。简单的俗语记录着紫砂的工艺内容。“嘴随把尾出”说明端把位置与流位置的关系。端把茶壶在执壶注水的动作里，几乎全壶的重量落在支撑把尾的中指上。故在使用中，把尾的位置有感受壶的重心位置以及壶里水多少的作用。壶的出水位置参考把尾的位置来设计，在使用中才能稳定地控制水的流出，不至于倾斜，也较为省力。

一壶事一茶。茶与壶方能相得益彰。我国是茶叶品种最多的国家，包括基本茶类和再加工茶类。基本茶类有绿茶、红茶、乌龙茶、白茶等；再加工茶类主要有花茶、紧压茶、保健茶等。不同种类的茶差异很大。冲泡各类茶的方法、水温、时间长短控制、饮用方法等等也有差别。明代许次纾的《茶疏》首次提到宜兴紫砂壶："往时龚春茶壶，近日时大彬所制，大为时人宝惜，盖以粗砂制之，正取砂无土气耳"。晚明的文震亨《长物志》中有："茶壶以砂者为上，盖既不夺香，又无熟汤气，供春最贵。第形不雅，亦无差小者，时大彬所制又太小，若得受水半升，而形制古洁者，取以注茶，更为适用……"。

古人对紫砂壶宜茶的优点十分推崇。不同造型及胎质的壶对茶的滋味及香气的影响很大。造型可分为散热快型和散热慢型两种。壶身矮小、壶口大的壶散热较快，壶身高、壶口小的壶散热较慢；壶胎质密散热慢，胎质疏松散热快；大壶散热慢，小壶散热快；古壶散热快，新壶散热慢。从香气与滋味角度考虑，胎体致密的壶对发茶香有益；胎质疏松的壶对出味有利。

一般而言，冲泡绿茶，可选用的器型较大，一般多为300毫升左右，器型身矮，开口较大，使绿茶能够在85摄氏度左右的温度下充分展现绿茶特有清香和清爽滋味。泥料多用相近颜色或浅色色调的紫砂壶。体现茶人追求的做事和谐一致的心态。如用段泥料的壶，由于段泥壶为浅黄色，泡出的茶平顺温和，黄色和绿色的茶汤配合给人以轻松怡悦之感。

冲泡红茶，选用器型可大可小。但以壶口小、壶身高为佳，因为红茶需要高温焖，选用这样器型的壶是为了保持水温使茶香更甜醇、滋味更醇厚。泥料以清水泥，底槽青泥等为佳。

泡乌龙茶，选用的器宜小。器小香气不涣散，香聚而香味佳。因少而倍加珍惜。泡乌龙茶适宜选纯朱泥壶，泡茶展香佳，回甘强、有韵味，冲泡乌龙茶等轻发酵重香气的茶为佳。

泡花茶适宜选壶口大些，壶体矮些的，和绿茶选壶相似，泥料以底槽青和段泥为佳。

泡普洱茶适合选底槽青泥壶或段泥壶，壶形以口阔扁腹造型为佳。

当今有些制壶人追求造型的形式美，忽略了壶的功能美，特别是一些半路出家的中青年艺术家，自己不饮茶，对饮茶研究不多，也不研究古人的造物思想，仅凭绘画、雕刻基础生产了一些中看不中用的壶，这种做法不值得推崇。

紫砂壶的艺术美

紫砂壶受人追捧，既有宜茶功能，还因为壶的艺术性、可赏玩性及收藏价值。我们在研究具有实用功能的艺术品时，一般会从研究客体的物质和精神两个层面进行分析。在工艺美学中，功能与审美是辩证统一的一对事物，在发展中则往往是相辅相成的。

很多现代美学理论认为美与物要分开，物的功能性势必会妨碍美的形式。这种理论在纯艺术中说得通，但在日用器物中情况就有可能不一样，有时还可能恰恰相反。《中国陶瓷与中国文化》作者熊寥先生概括陶瓷美学特点：陶瓷是生活美、艺术美和科学美的融合，陶瓷美学主要是从以下三个方面探索美的规律：

陶瓷生活美——文与质相统一的美学旨趣——根植于民族传统哲学；

陶瓷艺术美——意蕴之美——体现了民族审美心理的历程；

陶瓷科学美——自然天成——同民族传统美学思想合拍。

紫砂壶的美是陶瓷美的重要构成内容，它有着独具特色之美。

我国艺术学奠基人之一的张道一先生曾指出：“作为工艺美术的品物，实用是第一性的，审美是第二性的。但是对于人民生活，两者却是同时发挥着作用，很难排出次第”。器物的实用性的发展承载并开拓了它本身美的范畴，实用与审美看似对立，其实是相辅相成的。

艺术品与普通商品的区别在于艺术品可以表现情感并唤醒观赏者的情感。艺术设计同时也是美的设计，艺术设计的过程其实就是设计师追求和探索美的过程，表达美和物化美的过程。如果说艺术家和科学家都同样在追求美，那么科学家可以说是在寻求和发现美，而艺术设计家则是在寻求、创造和表达美。

紫砂壶的发展是功能美与艺术美的共同发展。制壶艺人在接触文人的过程中，一方面直接了解到目标客户群体对功能的需要，随时调整自己的产品；另一方面，由于经常接触文人，对文化艺术耳濡目染，个人的文化艺术修养不断提高，产品也逐步提升了艺术水准。这些制壶艺人由最初的制壶艺人成了具有较高文化艺术素养的工匠群体，为紫砂壶特有的审美趣味的形成起到了关键作用。

紫砂工艺美术大师顾景舟先生著文《简谈紫砂陶艺鉴赏》中曾说："抽象地讲紫砂陶艺的审美，可以总结为形、神、气、态四个要素。形，即形式的美，是指作品的外轮廓；神，即神韵，一样能令人意远，体验出精神美的韵味；气，即气质，陶艺的内涵的和谐协调；态，即形态，作品的高、低、肥、瘦、刚、柔、方、圆的各种姿态。从这几个方面贯通一气，才是一件真正完美的好作品。"

《紫砂壶全书》作者韩其楼先生曾在如何赏鉴砂壶的文中谈到对紫砂壶艺之美的看法："评价一件紫砂壶的内涵，必须具备三个主要因素：美好的形象结构，精湛的制作技巧和优良的实用功能"。对紫砂壶优劣的标准，韩其楼先生归纳为泥、形、工、款、功。前四字属艺术范畴，后一字为功用标准。

宜兴陶瓷行业协会会长史俊棠先生对紫砂壶鉴赏总结为："鉴赏宜兴紫砂壶，人们往往把握'泥、形、工、饰'四个字，即称颂其独特的材质美、别致的造型美、精湛的工艺美以及高雅脱俗的装饰美"。

中国陶瓷艺术大师李昌鸿及其夫人沈蘧华认为紫砂壶之美主要体现在：适用的功能美，多变的造型美，独特的材质美，精湛的工艺美，高雅的品味美。

中国陶瓷艺术大师何道洪先生认为，壶艺作品"形、神、气、力、势、韵"六个方面达到完美统一，让制壶者的气质、神韵在作品中得以体现。

著名陶瓷设计专家杨永善先生总结陶瓷传统工艺的审美构成包括："功能效用、材料技术和形式美感三个方面，这三种因素不是简单的结合，二是相互渗透、相辅相成地存在着，构成特殊的形式结构，形成完整的统一体"。

紫砂壶的美学特征

紫砂壶的发展与传统陶瓷艺术分不开，紫砂陶作为陶瓷的一种，其造型、工艺都与传统陶瓷有相关性，陶瓷经过几千年的发展，在历代陶工努力下，在处理陶瓷成型与烧成之间的关系中，积累了丰富的经验，在陶瓷装饰方面，有

刻、划、剔、堆贴、浮雕、绞泥、线条等装饰方法，这些手法，都对紫砂壶的发展具有深远的意义。紫砂壶之美也是陶瓷美学的重要组成内容。紫砂壶在借鉴、吸取传统陶瓷艺术过程中，又以其特有的材质、工艺、形象与传统陶瓷艺术相区别。它以独具特色的气质，显示了它作为陶质茶具的美学意蕴。

紫砂壶从宋代创始到明清兴盛，以及近现代的衰落、振兴、繁盛发展，它的美学思想随着时代变化而起伏跌宕，紫砂壶随着人们饮茶方式、生活方式而不断变化。

自宋代紫砂壶创始至明代正德年间，紫砂壶由于技艺、使用目的、制作者对泥性的把握等多方因素所限制，壶形多以自然型为主，这一时期的紫砂壶多粗拙，常粘有缸坛釉泪。宋代至明前期人们用型制较大的紫砂壶煮水。

明代——淳朴古雅简洁之美

明朝中期以后，饮茶方式逐步演变成撮泡为主，茶被放入壶里冲泡，人们更多关心茶具。对茶具的造型、纹饰不断探索，壶型逐渐趋小。明代正德年间到明末，紫砂壶以筋纹器造型居多。此时的砂壶造型较少附加装饰，仅以筋纹线的变化或开光作为装饰效果，泥质颗粒较粗，镌刻楷书签名款于壶的底部，代表人物主要有时大彬和徐友泉等。

当时文人雅士们静坐书斋，读书喝茶，明韵风格之美和紫砂壶之美共同营造出一种恬淡闲适的生活情趣，犹如进入到一种神清气爽之境。明朝是紫砂壶成熟兴旺时期，名家辈出，代有精品。至今有实物遗存并有制作相关记载的，当属明代正德年间的供春。供春以后的名家有董翰、赵梁、元畅、时鹏，并称为四大家。四大家之后，有李养心，也是明万历时名艺人，他善制小圆壶。他在兄弟辈中排行第四，故又称小圆壶李四老官。从李养心开始，“壶乃另作瓦缶，囊闭入陶穴”，烧造工艺改进，从此紫砂壶烧制过程中不会再沾染釉泪。

明万历时，文人雅士的参与促使紫砂壶步入第一个鼎盛时期。壶艺名手时大彬与娄东诸名士，徐友泉与宜兴吴氏等都是交情深厚，艺人与文人结合在一起创作了诸多传世佳作。文人雅士要求定制砂壶也不胜枚举，甚至延请制壶名家到家里创制，使紫砂壶积淀了更多文化内涵和文人气息。

明末清初的陈子畦、惠孟臣都是制小壶高手。壶形由大而小，取决于士大夫饮茶习惯改变。明代散叶茶的小壶冲泡法，出味方面远远胜于大壶。故

大壶渐少。

明代制壶名家壶艺，传下来的茶具风格不一，从型制看，仍多仿青铜器、仿瓷器以及仿自然形态造型和筋纹器等。从容量看，明万历之前，大壶居多；万历之后，壶形趋小。时大彬在受到文人雅士的影响后，才改作小壶。

清代——华丽工巧之美

清代紫砂壶造型、技艺和装饰手法都有新发展。清初，紫砂壶造型、纹饰以及材质多样化，更注重工巧。清中晚期文人雅士参与制壶者众，在壶上镌刻书画，表达其思想情感，或诗词或短句，使紫砂壶具有更多文人色彩。康熙中期到乾隆晚期，紫砂壶进入繁荣时期。随着经济发展，富有阶层在艺术方面追求华美，紫砂壶也由古朴简洁向华丽工巧转变。这时的紫砂壶造型丰富，简洁的圆器表面更多进行书画创作，传统的几何形圆器继续得以发展。方器更加流行，筋纹器造型仍然受欢迎。

生技巧更成熟，仿生的自然形体造型壶趋于繁荣，筋纹器型与自然形体相互融合，自然形体造型的进一步发展开创了典雅的壶艺风格。

壶艺的装饰日益多样化，除继承明代镌刻壶铭外，泥绘、绞泥、加彩、浮雕、堆塑、印贴簇花、镂空、包漆、包锡、镶玉、炉均釉、磨光等多种工艺大量采用，泥绘及彩釉更是取得极大成就，反映在壶艺风格上就是华丽繁琐。由于迎合当时宫廷追求奢华的风尚而成为贡品。这一时期制壶名家辈出，壶形也是日新月异，不仅作为每年的贡品进贡朝廷，还远销海外。

清代紫砂壶艺名家以陈鸣远为代表。陈鸣远作品花货居多，颇具生活情趣。如传世的仿生壶半桃壶、菱角壶、板栗壶、花生壶、石榴壶、竹笋壶等仿果品雕塑壶，几可乱真。他发展的紫砂陶艺除茶具外，还涉及茶杯、瓶、盒、文房雅玩等。他的作品有高雅脱俗的文人趣味，是把紫砂壶印款、壶铭提高到文学高度的第一人。他继承明代余风，开创了清代壶艺新风貌。人们把他与供春、时大彬并列，是紫砂史上里程碑式的人物。

清嘉庆、道光年间，紫砂壶的制作由于文人的直接参与，其造型与装饰增添了浓厚的文人趣味，壶艺风格也由乾隆时的妍丽工巧转向典雅古朴。以书法、绘画、篆刻等刻画为主要装饰手段，茶具造型以光货几何型为主。壶体光洁，线面简练，增加了壶体可供装饰的面积，更宜书、画，茶具的书卷气、金石味更浓，造壶艺术达到前所未有的高度。

文人参与制壶成为当时紫砂壶艺主流。嘉庆时溧阳知县陈曼生，后继者有瞿应绍、邓奎、朱坚、乔重禧等文人。他们的参与大大提升了紫砂壶的文化内涵。他们在壶的底部，盖内，壶身上留下定制者、制作者及刻书画铭文装饰者名款。

陈曼生与紫砂艺人共同设计创新了紫砂壶的造型及装饰内容。从制作技法方面看，陈曼生等对制壶技法的探索和装饰手法的创新使得曼生壶具有优于前代壶艺的特点。

曼生壶的主要特点是融造型、文学、绘画、书法、篆刻于一壶，壶腹上还携刻山水花鸟、使清雅素净的紫砂壶平添几分诗情画意，形成独特的文人壶风格，从而使紫砂壶超越单纯茶具，具有丰富文化内涵。

陈曼生创作了一批具有文学意义的壶铭，提升了紫砂壶的文化价值；他把篆刻用于紫砂壶装饰，设计创新了一批紫砂壶造型，有石铫壶、汲直壶、却月壶、横云壶、汉瓦壶、合欢壶、笠荫壶、石瓢壶、井栏壶、匏瓜壶、葫芦壶、天鸡壶、合斗壶、圆珠壶、乳鼎壶、半瓢壶、棋奁壶和方壶等，被称为曼生十八式。他使几何形壶式发展成熟，推动了紫砂造型艺术发展，他扶持了紫砂艺人创作，提升了手工业者的地位。在造型方面。

近代——简练大方古典之美

民国时期，工商业发展使人们有了品牌意识，店号、标记等记载商誉的符号在壶体上出现。精心制作的佳作不算多，茶具整体低水平大量制作以满足日用市场需求。

自清末至 20 世纪上半叶，中国民族工商业兴起，上海工商业最为发达，一些商号在砂壶上印上图章，比如上海的铁画轩、吴德盛、陈鼎和、利永、葛德和等专营紫砂壶的商号。他们与宜兴紫砂艺人建立密切联系，他们多制作仿古造型的紫砂壶。当时上海收藏之风盛行，还有古董商人把紫砂名手请至上海从事仿古制作，要求精工细作，促使紫砂艺人精加工。通过仿历代名作及仿秦汉瓦当、鼎彝之器的铭文，砂壶艺人的艺术素养大为提高了，不少艺人成为一代名家。

20 世纪初，中国紫砂陶茶具多次参加国际大赛，获多个奖项。如 1915 年，紫砂陶等宜兴陶瓷制品在巴拿马国际赛会中首次获奖；1926 年在美国费城万国博览会上获国际金质奖章；1932 年在芝加哥博览会上有鱼化龙壶、东坡壶、掇球壶、传炉壶等二百余件作品获得优秀奖等。这些获奖作品大多造型简练大方，充满东方古典美。如程寿珍所制的掇球壶，以壶盖、壶体、壶钮呈现为圆形，在一条中轴线上，既稳重大方，又体现出活泼简洁之艺术韵味。

现当代——技艺综合创新之美

从20世纪50年代开始到90年代，紫砂壶艺术进入了继承发展与繁荣时期。这一时期大体又可分三个阶段：建国初年恢复阶段、60年代孕育阶段和80年代后的飞跃阶段。

20世纪50年代，宜兴组织陶器产销联合营业处，生产和销售纳入计划经济轨道，内贸和外贸均有发展。1950年，政府拨专款恢复紫砂生产，对紫砂工艺采取了保留、提高、发展的方针，按照经济、适用、美观的设计原则，开展一系列挖掘、恢复、发展工作。艺人们在继承的基础上恢复传统优秀作品制作，不断创新设计出新作品。光货、花货、筋纹器等都有大量生产。装饰技法运用浅浮雕、印花、贴花、镌刻、泥绘及金银丝镶嵌等多种工艺。制作技艺方面，模型成型法、石膏辘轳车盘子的使用、注浆法、机械化和电气化先后投入使用，紫砂行业有了飞速发展。

20世纪80年代以来，紫砂技艺更是发展迅速，文化交流日益频繁，新人佳作层出不穷。除老一辈拥有中国工艺美术大师称号的建国以来的七位大师外，国家级陶瓷大师，江苏省工艺美术大师，工艺美术名人等的壶艺作品更注重艺术气息和文化内涵，形成多元化发展的繁荣局面，作品获奖不断。如宜兴紫砂工艺厂的方圆牌高级紫砂壶先后于1979年、1983年获得国家银质奖和金质奖；1984年在德国来比锡国际博览会上，紫砂百寿瓶和紫砂竹简茶具获金质奖；1989年紫砂高级茶具获首届北京国际博览会金奖；1991年方圆牌紫砂壶获中国国货精品博览会金质奖等等。

今天，紫砂壶更是多元化的壶艺流派共同发展，呈现出技艺综合之美，人们惊叹紫砂壶艺所承载的美学意蕴。

紫砂壶与名人

宜兴古称荆溪，因苍山清溪而得名，是历史古城。春秋时属吴地，周元王四年（公元前 472 年）属越国，周显王三十六年（公元前 333 年）属楚国，秦始皇二十五年（公元前 222 年）设荆邑司会稽郡，次年改荆邑为阳羡县。西晋怀帝永嘉四年（公元 310 年）置义兴郡。隋文帝开皇九年（公元 589 年）废义兴郡，改称义兴县，属常州。宋太宗太平兴国元年（公元 976 年）改称宜兴县。清雍正四年（公元 1726 年），分为宜兴、荆溪二县。民国元年荆溪撤消，并入宜兴县。1949 年 6 月属常州专区。1953 年 1 月属苏州专区。1956 年 2 月属镇江专区。1983 年 3 月起，属无锡市。1988 年1月，撤销宜兴县，建立宜兴市。

历史上，宜兴文人荟萃，书法家王羲之，诗人谢灵运、李白、白居易、杜牧、苏东坡，民族英雄岳飞，书画家赵孟顺、沈石田、唐伯虎、文征明等都到过宜兴，并留下众多赞美宜兴的题词、诗文、书画、游记等。到了现代，宜兴是专家学者的摇篮，据不完全统计宜兴籍两院院士 17 人，分布在全国各地的高级知识分子逾万，周培源、蒋南翔、唐敖庆和潘寂等都是宜兴籍人士。

宜兴紫砂壶与茶的相遇是其艺术化的一个契机。自明太祖朱元璋废团饼茶改用散茶，饮茶的方式相应发生了改变，饮茶器具由炊煮用的大壶向冲泡用的小壶转变，茶壶也从炉上移到了桌上。这从大到小，由远及近的变化使人们对茶壶越来越注重。

最早为紫砂壶形制做出贡献的要数苏轼。苏轼生平不善饮酒，却爱茶。苏轼饮茶颇为讲究。他谪居宜兴时，茶叶用阳羡贡茶，茶水用金沙泉水，茶壶用紫砂壶，并称之为“饮茶三绝”。为便于在松柴炉上煮茶，苏轼设计了提梁式紫砂陶茶壶，诗曰“松风竹炉，提壶相呼”。后人将这种式样的提梁壶命名为东坡提梁壶。

紫砂壶由日用品演变成日用品和艺术品的结合、成为具有收藏价值的工艺品，除制壶艺人贡献外，另一重要因素是历代文化名人的参与。文人参与紫砂壶的设计、制作，使紫砂壶增添了文化内涵。文人参与的贡献主要体现在紫砂形制的变化和装饰艺术水准的提升。

从第一部紫砂壶著作《阳羡茗壶系》开始，紫砂壶艺术就被记载和传播。在《阳羡茗壶系》创始篇记载："金沙寺僧，久而逸其名矣。闻之陶家云：僧闲静有致，习与陶缸、瓮者处，传其细土，加以澄练捏筑为胎，规而圆之，刳使中空，踵傅口、柄、盖、的，附陶穴烧成，人遂传用"。关于金沙寺僧，没有更详细记载资料流传下来。

在明朝正德年间，龚春创制了树瘿壶（现藏于中国历史博物馆），创始了紫砂器造型中的花货。自龚春开始，紫砂器光货、花货、筋囊货三大体系得以独立并成为紫砂器艺术化的标志，三大体系的分类沿袭至今。供春的作品也一直被后世模仿，供春壶也成了紫砂壶的一个象征。和供春同一时代的名家还有紫砂四大家——董翰、赵梁、元畅和时鹏（时大彬之父）。其中董翰擅长于做菱花式样的壶，工艺达到非常巧妙地步，赵梁专于提梁壶。

李茂林首创"匣钵装烧法"。《阳羡茗壶系》记载："李茂林，行四，名养心……自此以往，壶乃另作瓦缶，囊闭入陶穴，故前此名壶，不免沾缸坛釉泪"。他把待烧的壶坯装入匣钵内，防止窑内其他器物烧出的釉灰等杂质烧结在壶面上，防止燃烧死的烟尘污染坯体。采用匣钵烧制的紫砂壶，表面质地更细致，色泽更光润，为紫砂壶材质美奠定了基础。

明万历年间在文人雅士积极参与下，紫砂壶艺术发展进入了一个高峰。时大彬是当时的代表人物。时大彬号少山，又称大彬，时彬，江苏宜兴人，宋尚书时彦裔孙，制壶艺人时鹏之子。当时有壶家三大妙手——时大彬、李仲芳和徐友泉。李仲芳和徐友泉都是时大彬的高足。时大彬游娄东后，壶艺风格从大壶转为小壶。这转变是紫砂壶与文化结合的里程碑，开创了文意壶的先河，时大彬由此在紫砂壶艺界名声大噪。

明代许次纾在《茶疏》中写到："往时供春茶壶，近日时彬所制，大为时人宝惜"。紫砂壶始于供春成于时大彬。时大彬对后世紫砂壶的发展影响深远，是一位划时代的紫砂壶艺术巨匠。

时大彬自小随父亲学做紫砂壶，父子技艺相传，有很深厚的家学渊源。时大彬技艺高超，很快就可以和他父亲并驾齐驱了。很多文人在文章中也有提到。明末小说《拍案惊奇》中有：“壁间纸画周之冕，桌上砂壶时大彬”的说法。明代的周高起在《阳羡茗壶系》中说时大彬“……不务妍媚，而朴雅紧栗，妙不可思”。时大彬对紫砂壶的造型、材料制作工艺乃至手篆款识等都有相当造诣。《秋园杂佩》中评价大彬壶：“式古朴风雅，茗具中得幽野之趣者”，大彬壶质朴古雅，连名家徐友泉在晚年时都自叹：“吾之精，终不及时之粗”。

史书记载时大彬紫砂壶制作态度认真，作品完成后，若有一点不满意，没有达到预计效果，立即打碎丢弃掉。有时花费很长时间完成十件作品，如果不满意即使打碎八九件也不觉可惜。时大彬在供春之后，设计制作了许多制壶工具，创制了许多新壶式，并总结前人制壶经验，完善了紫砂拍身筒、镶身筒等手工制壶的传统技艺，奠定了紫砂壶制作整套手工艺技法的基础。

时大彬早期创作以模仿为主，作品停留在别人的风格上，没有形成自己独特风格。由于壶艺无进展，他云游四方，来到文化古城娄东（上海松江区），聆听文人学士品茗论茶谈话后，豁然开朗，回家后改变创作风格，从制作大壶转到制作小壶，适应文人雅士需求。这是影响深远的变革，直到现在，紫砂壶的样式仍以小壶为主。在以后的 50 多年里，他不断创新探索，后期的代表作有：高执壶、山水人物执壶、莲瓣僧帽壶、高僧帽壶、开光方壶、玉兰花壶、凤首印包壶等。

时壶或称彬壶是世人对时大彬制作的紫砂壶的称谓，也是一种肯定。时

故宫藏宜兴窑紫砂题字大执壶

年代：清（1644 ~ 1911 年）
尺寸：通高 28.4 厘米，口径 11.5 厘米，底径 15 厘米

壶平口、短颈、圆鼓腹、圈足。长曲流，环形柄。附伞\形盖，盖顶置圆珠钮，钮饰镂空如意金钱纹。腹部一面\刻行书体“江上清风，山中明月”，落款“丁丑年大彬”。\砂泥呈紫红色。

大彬的作品涉及光货、花货和筋纹货三大类。他创作的题材也有模仿供春的壶样，但大部分结合当时社会上存在的自然物体形态造型来变化。如莲瓣僧帽壶、玉兰花六瓣壶、凤首印包壶等。

时大彬奠定了整套紫砂成型工艺。紫砂壶由供春创始，制作程序是先淘细土，后由茶匙和手指配合成型。按照周高起描述："亦淘细土传胚，茶匙穴中，指掠内外，指螺文隐起可按，胎必累按，故腹办尚现节膝，视以辨真"。这时的紫砂壶纯用手工，只借助一个小勺，连手指纹印都清晰可见。后来兴起紫砂四大家制作紫砂壶的工艺缺乏详细记载，应该是在供春基础上发明了略为先进的方法。直到时大彬在总结前人经验的基础上，提炼和探索出紫砂壶一整套制作工艺流程，并且制作了专门工具。

明朝学者周容在《宜兴瓷壶记》这样记载："壶艺至时大彬，以寺僧始，止削竹如刃，钊山土为之。供春更研木为模。时悟其法，则又弃模。而所谓削竹如刃者器类增至今日，不啻数十事"。可见时大彬在前人基础上，发明了很多种制壶专用工具。时大彬在创作过程中，创造新工艺并且开拓新技艺。今天紫砂壶的拍身筒、镶身筒等手工制壶的整套制作工艺在当时已大体形成。

紫砂工艺大师顾景舟生前也常说："自时大彬开始，制作紫砂陶的一整套传统技法，已大体上建立，并传承给以后的各代艺人，这应是时大彬最大的功绩"。

时大彬广收门徒传承紫砂技艺。时大彬的贡献不仅在于技艺高超和作品精妙，而且在于他把紫砂技艺很好地传承了下去。他生前培养了李仲芳、徐友泉、陈光甫等一批高徒，为紫砂壶的传承和发展做出了贡献。明朝学者周高起《阳羡茗壶系》载："陶肆谣曰：壶家妙手称三大，谓时大彬、李大仲芳、徐大友泉也"。可见时大彬高徒得其真传，为紫砂壶技艺进步发挥了作用。时大彬十分重视有才能的弟子，也把所有的技艺无私相授，才有后来紫砂三大妙手。他在接收弟子时没有门户之见，在他招收的弟子中有一批是来自徽州婺源，后来大都成了他的得意门生。

时大彬开创了紫砂壶技术与文化艺术结合的先河。时大彬之前，紫砂壶更多是功能的体现，时大彬是将紫砂壶艺术和文化结合起来，让紫砂壶具有文化艺术内涵的第一人。他通过对紫砂壶形态改革和对壶识款、题铭等进行创新，将传统文化融入紫砂壶。他的壶艺风格以小壶为主，造型上以中国传统文化元素为素材，创作出有名的僧帽壶、凤首印包壶和山水人物执壶等。中国传统艺术中的刚柔并济，师法自然的理念被他很好地应用到了作品中。

在款识上，他先是请人代笔，后为追求壶与字的统一，自己苦练书法，以竹为笔练习刻画。他把诗词书画也一起刻画到紫砂壶上，开了紫砂壶题铭的先河。

欧正春是时大彬的得意弟子。他擅长以花卉静物形象为题材，设计巧妙。他设计制作的紫砂器有壶、盆、盘和洗等。他突出的成就是创办了宜兴欧窑，以紫砂泥为胎，仿照其它名窑的釉色，在当时已经享有盛名。还有制壶艺人，如邵文金以仿时大彬的汉方壶为主，别具特色。又如陈信卿，仿时大彬和李仲芳等制壶大家的壶，几乎达到以假乱真的地步。除时门弟子和模仿大彬风格的制壶艺人，众多名家各展所长，借历代著名青铜器和陶瓷器、玉器造型和装饰丰富紫砂壶的设计。

到了明末期，惠孟臣把紫砂壶艺术推到了新的高度。他制壶特点鲜明，小壶精妙，大壶古朴浑然天成。他善于调砂，壶色各异。惠孟臣最具有代表性的作品是梨形壶。惠孟臣另一特点是秀丽的书法镌刻有唐朝褚遂良的遗风。这种对于款识铭刻重视的态度，也是对于时大彬创作精神的一种继承。

随着紫砂壶声名鹊起，江南富商大户等争相定制宜兴紫砂壶。紫砂壶作为文化载体也受到统治阶级喜爱。乾隆皇帝曾钦点定制宜兴紫砂壶，紫砂壶由民间工艺品成为皇室御用陶器。乾隆时期，经济发展，生活较富裕，出现了紫砂大家陈鸣远。其父陈子畦是明朝末年的制壶名家。父子技艺传承在宜兴是很普遍的现象。在家庭影响下，陈鸣远通过自身努力和天赋把紫砂壶艺术发扬光大。他制作技艺高超，善于发掘文化元素进行创新。在延续前人模仿自然形态的基础上，把壶的设计仿生技艺达到极致。

束柴三友壶、梅干壶、桑蚕壶等陈鸣远的经典之作，这些壶款成了后世制壶艺人竞相模仿的样式。陈鸣远在壶款识书法上自成一派，后人成称赞其具晋唐之风。陈鸣远创作成就受益于康熙时进士、大书画家杨忠讷。杨忠钠是浙江海宁人，号晚研，他赏壶的眼光独到，和陈鸣远相交后，对其技艺颇为赞赏，经常对陈鸣远的作品进行指点。文人和民间艺人携手，创作出具有文化韵味的紫砂名作，如束柴三友壶就是师法自然最具匠心的作品。有了杨忠讷及其他文人的参与，陈鸣远的紫砂壶更具古朴沉稳的气质，也体现出了中国文人那种清高的节气。

紫砂壶形制作方面做出重大贡献的著名文人，要数清代嘉庆年间曾任宜兴县令的陈鸿寿，字子恭，号曼生。浙江钱塘人，精通书法篆刻，为著名的西泠八大家之一。陈曼生有着深厚的文化功底，精通书法、绘画和篆刻。在他倡导下，文人开始更多参与到紫砂壶设计，在紫砂壶身上题款绘画成为当时一种风尚。

陈曼生在任宜兴县令期间，钟情于紫砂技艺。陈曼生参与设计、亲手陶刻，监督烧造。他本人虽不会制壶，但他与紫砂艺人杨彭年、杨宝年、杨凤年兄妹以及邵二泉等合作，由他构思设计壶型，绘制成图以后，由制壶名手杨彭年兄妹及邵二泉等艺人制作。

陈曼生所创壶式十八种，后称“曼生十八式”。陈曼生在壶上题刻壶铭和山川人物、花木虫鸟等画面。由于他在书法篆刻、绘画诗文等方面皆有成就，所刻壶铭颇俱神韵。

曼生十八式壶造型清雅简洁，变化多端，十八在这里是虚指，从现存资料和传世品看，共三十多把，每把都凝聚了文人的审美取向与壶艺高手的精工细作。曼生壶是中国紫砂壶发展到新阶段的标志，文化艺术与工艺品的结合预示着紫砂壶开创了新的局面，紫砂壶有了充满韵味的书画文字，就产生了“壶随字贵，字依壶传”现象。文人参与紫砂壶设计，引领紫砂壶艺术进入辉煌时期。至今，这些壶成了独步千秋的艺术佳品，仍被人们推崇。陈曼生的题刻文字古朴，刀法俊逸，其内容隽永而耐人寻味，有深厚的传统文化哲理，既能陶冶性情，启迪心智，又与紫砂壶浑然一体，珠联璧合，赏玩之中令人神往。它含诗、书、画、刻、印于一壶，在紫砂壶艺术发展史中有着重要地位。

当时制壶名家都注重紫砂壶陶刻艺术，即使制壶者不擅书法，也要请书法家代为署款。清代乾隆、嘉庆年间，茶文化兴旺发达，宜兴紫砂壶更成为茶文化中不可或缺的重要器具。紫砂壶装饰艺术包括绘画、书法、陶刻和文学语言等，它使紫砂壶成为具有深厚文化意蕴的雅器，体现了中国古典文化价值。茶壶铭文能记事、寓意、比拟、言志、寄情。由于形制面积所限，紫砂壶上大多是经过精心构想的辞章、短句、诗词，特别讲究艺术品位和文学性。许多制壶艺人在书法上下功夫，并将书法技艺移植到紫砂壶上。

陈曼生提出的制壶模式需要三类人共同参与：制壶者、画家和篆刻家。这种制作模式的提出为文人参与紫砂壶制作打下了基础。曼生壶最具代表性的是匏瓜壶。匏瓜是一种瓜，虽然叫瓜，但较少食用，当时的主要用途是老熟后做水瓢用。这种不被人重用的瓜被比喻为仕途不顺的人。怀才不遇是古代部分文人的气质，从匏瓜的造型联想到文人形象，再加上书法题刻，文人壶的特色体现得淋漓尽致。

邵大亨是又一代宗匠。《宜兴荆溪县新志》记载邵大亨："年少而得名独早，彭年以精巧胜，大亨以浑朴胜"。顾景舟先生称："大亨壶各式传器堪称集砂艺之大成，刷一代纤巧靡繁之风"。他在少年时就享盛名，制壶以古朴见长，如掇球壶、仿古壶等，朴实庄重，气势不凡，突出了紫砂艺术质朴典雅，他的壶"力追古人，有过之无不及也"。其鱼化龙壶，伸缩吐注，灵妙天然。他的作品在清代时已被嗜茶者及收藏家视为珍宝，有"一壶千金，几不可得"之说。可见他的壶艺声誉之高。

邵大亨的掇球壶，壶主体大度且饱满圆润，如高熙《茗壶说》记载："邵大亨所长，非一式而雅，善仿古，力追古人，有过之无不及也。其掇壶，肩项及腹，骨肉亭匀，雅俗共赏，无飨者之讥，识者谓后来居上焉。注权胥出自然，若天生者，截长注尤古峭。口盖直而紧，虽倾侧无落帽忧。口内厚而狭，以防其缺，气眼外小内锥，如喇叭形，故无窒塞不通之弊"。掇壶就是掇球壶。掇球壶是紫砂壶经典器形之一，本意三球相堆。因几何造型，处理这三球比例就需要较高审美修养，要反复推敲造型尺度，才能创作出完美造型。很多工艺美术师表示最难做出味道的壶就是掇球壶。三球渐缩的比例处理要恰到好处，且三球功能也明确，由于壶体是泡茶贮水空间，作者在突出壶体功能同时，造型更是大气舒展，把握了全壶的基调。矮颈与球形钮设计古朴清秀，流把的比例更是自然。

扬州八怪之一的郑板桥喜爱紫砂壶，曾题铭茶壶"瓦过来天水菊花茶"。抄录苏东坡的诗句："青烟白菜米饭，瓦壶天水菊花茶"志趣所在，简约准确。他还曾定制紫砂壶一把，亲自镌刻了"嘴尖肚大耳偏高，才免饥寒便自豪，量小不堪容大物，两三寸水起波涛"的诗句，借物讽咏，十分有趣。

清代诗人汪森的紫砂壶铭，可谓饮茶真髓："茶山之英，含土之精，饮其德者，心恬神宁""一杯清茗，可沁诗脾""山中一杯水，可清天地心""煮白石，泛绿云，一瓢细酌邀桐君"，给人以精神和物质双重享受。

咸丰时期许多文人墨客好紫砂壶题款。并将紫砂壶作为礼物馈赠亲友。收藏者也与日俱增。时人称紫砂壶收藏者为"壶公"。南壶公瞿应绍，上海人，常到宜兴收购茶壶，并在壶体上撰铭、刻文、镌画。北壶公张之洞，同治二年探花，他常命下属到宜兴定制壶器，自撰铭文。他们收藏的茶壶，壶底均留有各自的印章，也是文气溢然。

清后期，社会风气逐渐转向追求器物上的奢华繁琐。出现以紫砂壶为胎，在表面装饰珐琅、釉彩、描金等。这种紫砂壶一般是为宫廷烧造的贡品，代

表性艺术大师有杨继元、邵玉亭、王南林等。当时御用器物，大多制作繁琐，工程复杂，与当时的宫廷文化有关。

民国期间，上海出现一批紫砂商人，他们对紫砂壶的炒作，影响一些紫砂壶艺人。如制壶艺人裴石民依附在上海魔术师莫悟奇家中创作陶器，任淦庭在一家陶器店以制陶雕刻作画为生。这是当时部分紫砂艺人境遇的写照。陈寿珍擅制掇球壶和仿古壶，其作品在巴拿马国际赛会和芝加哥博览会中获奖。俞国良、范鼎甫等紫砂名家为民国时期的紫砂技艺传承都作出很大贡献。民国末期，又相继出现了王寅春、吴云根、朱可心等壶艺大师。

明清至民国，赵宧先、董其昌、陈煌图、吴昌硕、任伯年、蔡元培等都曾在紫砂壶上留下过珍贵笔迹，为宜兴紫砂壶陶刻装饰艺术的发展做出过贡献。宜兴紫砂壶也成为了集中国陶艺、镌刻、金石、书画和诗文于一体的艺术珍品。

新中国成立后，紫砂制造业开始复苏。政府拨出专款扶持宜兴紫砂业。在百花齐放，推陈出新方针指导下，紫砂壶艺术进入了新时代。紫砂名家顾景舟和蒋蓉是现代紫砂壶制作艺术大师的代表。顾景舟本名为景洲，后自己改名为景舟。他在现代紫砂壶艺术史上享有很高声誉，有人甚至将他和时大彬齐名。顾景舟技艺精湛全面，其制作的光货壶身线条温润流畅，气势古朴浑厚。紫砂女艺人蒋蓉，出生紫砂世家，加上自身天赋和对紫砂壶的热爱，创作了很多带有雕塑装饰的经典紫砂壶。她尤其擅长以自然瓜果和植物等为创作题材，师法自然。这一批紫砂壶艺人不仅技艺精湛，还培养了一批具有高超技艺的中青年紫砂工艺师。他们为现代紫砂壶技艺的传承和发展发挥了重要作用。

紫砂壶的选购、养护与收藏

2010 年上海世博会上，四件造型独特的紫砂壶在世人面前亮相，让世界进一步了解中国民间工艺的精湛，紫砂壶成了中国文化象征之一。紫砂壶问世以来，不仅与人们日常生活息息相关，紫砂壶还蕴含着丰富的文化内涵。随着社会的进步，人们生活水平和购买能力的不断提高，审美情趣和文化品味也在发展，他们在艺术和审美方面的精神需求不断增长，紫砂艺术品顺应这种需求，为人们装扮生活提供了经济实惠而又有艺术品位的选择。紫砂壶本身既是日用品，又是艺术品，可以陈列于厅堂屋舍，也可以把玩。

紫砂壶的选购

紫砂与茶文化紧密相关，具有鲜明的传统文化特色，这也是社会各阶层人士都爱好宜兴紫砂的理由。

一把好的紫砂壶应具有较高的实用性、工艺性。

紫砂壶的实用性

紫砂壶是用于泡茶注茶的。所以，选购时不妨先从实用功能加以考量。优良的实用功能是指其容积和容量恰当，壶把便于端拿，壶嘴出水流畅，让品茗沏茶得心应手。因此，选购紫砂壶首先依据个人饮茶习惯，考量壶的容量，壶嘴出水是否顺畅，壶把执握是否舒适等。透过使用上的舒适感，可以产生情感，愉悦身心，百玩不厌，让人珍爱有加。

紫砂壶的工艺性

紫砂壶的工艺性是指制作技术水准，也是评审壶艺优劣的准则。一把好的紫砂壶流、把、钮、盖、肩、腹、圈足与壶身整体比例协调，点、线、面过渡转折交待清楚与流畅，可以从“泥、形、工、款、功”五方面的综合评价。

泥：紫砂壶独特之处在于其制作原材料紫砂泥的优越性。评断一把紫砂壶优劣，首在于其用泥品质。泥须是原矿紫砂，不能加化工原料，紫砂泥越好，随着壶使用时间的增加，壶将越发光润古雅。好的紫砂泥具有“色不艳、质不腻”的特性。选购紫砂壶首先要考量紫砂泥的良莠。壶的质地、胎骨要坚实，色泽要润，选用新壶时可先轻拨壶盖，以声音铿锵轻扬，壶声听来悦耳者为佳；选壶时，还要闻闻壶内有无异味，一般新壶可略带一点土气味，但若有油味或人工着色的怪味道则决不能要，现在市场上售卖的假冒伪劣紫砂壶存在用鞋油擦拭壶身以达到做旧的效果。

形：即壶的形象，也就是形状样式。购置新壶，壶的造型与外观要美，要看着觉得舒服满意为佳；紫砂壶的造型素有“方非一式，圆不一相”的赞誉，至于选择何种形状样式的壶，则因各人审美心理需求不同，很难论定。一般而言，紫砂壶属于茶文化的组成部份，追求“涤净烦嚣，淡泊明志，超世脱俗”的意境。故“古拙素雅”与茶道文化的意境最融洽，紫砂壶造型考量以能表现古拙气氛的为优。

工：壶的精密度要高，壶盖与壶身的紧密程度要好，否则茶香容易散去。测定方法是注水入壶，手压气孔或流口，再倾壶，涓滴不出或壶盖不落都表示精密度高。壶把的力度点应接近壶身受水时的中心，注入水约四分之三，然后慢慢倾壶倒水，顺手为宜。

款：即壶款识。紫砂壶署款，素来讲究，壶艺的韵致格调和书法绘画艺术同传，所用印款，往往出自金石篆刻家之手。鉴赏紫砂壶款有两个意义，一是鉴别壶的作者；一是欣赏镌刻的诗词书画及印款。紫砂壶的装饰艺术结合了中国传统艺术诗、书、画、印一体的艺术特点。所以欣赏一把紫砂壶，除讲究泥料、造型及制作技艺外，还有文学、书法、绘画、金石方面的因素。

功：是指壶艺的功能美。紫砂壶优点之一是能够“裹住香气，散发热气”，久用能吸引茶香，越用越散发油润光泽。紫砂壶的功能美还表现在容量适度、高矮得当、口盖严谨及出水流畅等方面。按目前家庭饮茶习惯，一般二至五人聚饮，采用容量350毫升为佳，无论手拿手提都只需举手之劳，人称

"一手壶"。近年紫砂壶市场日益发展，紫砂壶产品屡有新作问世，存在个别紫砂艺人创新作品只注重造型美，忽视功能美。这种情况影响了砂壶功能的发挥，相信在泡茶、品茗的使用过程中有的砂壶已然出现中看不中用的缺失。

紫砂壶艺术是一种"源于生活，高于生活"的艺术创作形式。一件好的紫砂壶，除了讲究形式完美与制作技巧精湛，还要审视纹样的适合，装饰的取材以及制作的手法。壶艺本身就是感情。一件较完美作品，必须能够发抒艺术语言。既要方便使用，又要能够陶冶性情，启迪心灵。紫砂大师顾景舟说"总之，艺术要有决断、要朴素、要率真，要把亲自感觉到的表达出来，以达到形、神、气、态兼备，才能使作品气韵生动，显示出强烈的艺术感染力"。

紫砂壶既是着重功能性的实用品，又是可以把玩、欣赏的艺术品。如何在市场上挑选到一把自己喜欢的好壶?

挑壶形。由于壶的容量大小及造型各异，适合冲泡的茶叶类型不同，应根据各自需求选择适合的壶。一般来说，泡乌龙茶，壶以小巧为佳；若泡普洱茶，壶要相应大些；身高口小的壶，适合泡红茶；壶身扁矮、壶口较大的壶，更适合泡绿茶。

听壶音。壶在烧制时工艺不同，硬度上有区别。辨别方法是用盖轻轻敲击壶身，或把壶平放在手掌上，另一手以食指轻弹壶身，若声音铿锵悦耳，表明火候适中；若声音混沌低闷，表明火侯稍有不足；若声音清脆高亮，表

故宫藏紫砂胎剔红山水人物图方执壶

年代：清乾隆（1736 ~ 1795 年）
尺寸：通高 13.2 厘米，口径 7.6 厘米

壶紫砂胎。圆口、方身、曲流、环柄、平底，底下承以四个折角条形足。器身虽为方形，但棱线自上而下微有弧度，方中有圆，设计精妙。壶外通体髹十几层红漆，四面开光内雕刻不同锦地花纹，正面饰松荫品茶图，背面饰高士对谈图。左右两面饰杂宝花卉图案。流和柄均饰飞鹤流云纹。底髹黑漆，漆下隐约可见"时大彬造"四字竖刻楷书款。从造型和雕漆工艺分析，其制作年代应为清代乾隆时期。

明火候稍过或者在泥料中加有玻璃水。

一般认为，声音铿锵的壶，适合冲泡香气高扬、滋味甘鲜的茶叶；声音较为混沌低哑的壶，适合冲泡发酵较重、香味醇厚持久的茶叶。

看壶态。一把好壶，应该外观细腻，具有自然光泽，线条流畅，拿上手分量匀称，没有前轻后重，或者前重后轻这样的怪异手感。壶盖与壶口间隙不能太大太松，壶嘴、壶把、壶纽不能有歪斜现象，衔接处没有裂纹或残损。

试出水。在壶中注满水，以手指按住壶嘴，然后将壶翻转，若壶密闭性好，壶盖不会掉下来；或者，以手指按住壶盖上的气孔，壶也倒不出水。松开手指，壶的出水要顺畅有力，水束凝聚不散，壶嘴没有滴沥现象。

紫砂壶的养护

与其他茶具相比，紫砂壶养护有独特之处。作为一件普通紫砂壶，刚从窑里出来时是没有生气与意韵的，经过长期使用与养护，紫砂壶特有的光泽才能显现出来。其他材质的茶具很难产生这种韵味。特殊之处在于砂壶可以蕴育生香，经过长期泡茶使用，壶体散发清淡的茶香，用清水泡空壶也能得到清香。壶越用越温润可人。其他材质的茶具不具备此特点，也不需要经过特别的养护。

紫砂壶开壶

一把新出炉的紫砂壶没有光泽，也不宜直接泡茶，新壶使用前需进行系列处理，行家叫“开壶”。开壶的方法有很多种，方法也不尽相同，一般是用适当的方法使紫砂壶得到第一次合理的滋养。从窑中新出来的紫砂壶带有些许土腥气，或是壶体内部还有少许土渣粉末等，一般用牙刷沾水进行清洁，或用细纱布稍加磨擦，用水清洗后，取洁净无油污之容器，放入茶叶，加清水漫过茶壶，在火上烧煮，煮开后关火，再煮，反复几次，壶得到茶汤第一次滋养。也有用甘蔗嫩头加水煮后再用茶叶煮至少一个小时的。完成开壶的步骤后，紫砂壶可以正式使用了。

紫砂壶的养护目前有统一的方法，主要需要注意以下几个方面要素：

相对于开壶，养壶过程更漫长，需要很好的耐心。养壶也是紫砂壶收藏的重要组成部分。养壶过程散发着浓浓的文化气息。宜兴制壶工艺师董俊峰强调：“一定要在品茶的过程中养壶，而不是在养壶的过程中品茶。”真是养壶如养性。一把养好的壶，应该呈“黯然”之色，光泽“内敛”，如同君子，端庄稳重。

行家都知道，养壶最重要的是泥料，好的泥料养出来的壶很漂亮，反之，若泥料不好，花再多的心血，壶还是老样子，养不出预期效果。仅有泥料好的先天条件仍不够，好的壶是养出来的。有藏家将新买回的紫砂壶摆陈列柜里，或者装在箱子里一就算完事，其实，如此藏壶方法不可取。新购回的壶，必须用心去养，然后再存放。

养壶方法五花八门，但原则一致。

不论新壶、旧壶，在茶事过程中经常用棉布擦拭壶体。方法是泡茶过程中，用棉制带有所泡茶汤的湿布对壶体进行擦拭，使茶壶变得干净整洁。少量茶汤的滋养，能够促使茶壶胎质发生变化。如此坚持三四个月后，新壶大体可发“黯然之光”。用茶汤浇而不擦，促使其变得尽染茶色之法也不足取，这样做的结果是壶看似古旧，其实不佳，遮蔽了茶壶本应具有的温润之态。同时还要注意不能用沾满茶汁的棉布擦拭过度，这样做虽然能够很快变得光亮，但这不是紫砂壶养护得法发出的温润之光。

茶壶最忌沾上油污。不能让壶接触油脂类物质。这是壶体发出自然温润光泽的重要因素。紫砂壶一旦沾到油脂，就容易发出贼光，容易养出带花斑的壶。所以壶体内外均不可沾染油脂。每次茶事活动要净手弄茶，一是使茶免受异味沾染；二是茶壶能得到良好的保养。长期养护，壶体才有温润之光，案头清供的茶壶才能彰显其沉静之美。

有时买回的壶已被商家用石蜡、鞋油或核桃油等处理过壶体表面，看起来有好的卖相。这是极少数壶商为蒙骗不懂紫砂壶的顾客而进行的粉饰。清理较为困难，需要经过茶水煮，刷子反复刷才可能去除，核桃油更是难以清除，一般要每日泡茶滋养，有的壶甚至要经过约半年的滋养才能去除。

在泡茶过程中，先以沸水浇壶身外壁，然后再往壶里冲水，也是常说的“润壶”；每次用完后必须保持壶内干爽，放在空气流动的地方，不要放在闷热处，也不要放近油烟或者灰尘多的地方；用完后最好把壶盖侧放，不要常常将壶盖密；紫砂壶内不要经常浸水，应做到要泡茶时才冲水。

紫砂壶泡一段时间需要“休息”，一般是晾干三五天，让整个壶身彻底干燥。这也是养好壶的一个重要环节。泡茶之壶在长期使用过程中，每隔一段时间需要有三五天的干燥休息时间。这样有助于改善壶胎结构。有的壶长期使用过程中使胎体泥质变得更好，更适宜发茶性。段泥壶有时使用过程中可能会发生吐黑现象，间用间停就能逐渐减轻这一现象。

茶壶长时间不用，须及时将茶渣倒出，壶盖和壶体分开放置在通风干燥之处，不可盖住盖子保存，否则易生霉菌；也不可放在橱柜等有异味的地方，不然易吸收异味。有人为了使茶壶能够多吸收茶汁而不清理或迟清理茶渣，以为可以快速养壶。其实长期使用的紫砂壶，茶锈还是要清理的，因为茶水久置后会氧化产生褐色茶锈，有重金属附着在茶具内壁上，长期饮用含有茶垢的茶水可能影响健康。每次饮泡完茶汤后，及时清理茶渣，壶内的茶锈可定期用棉布用力蹭擦，即可除去。但不可用洗洁精或者化学用品浸洗紫砂壶。

必须专壶专用，一壶事一茶。因紫砂壶特殊的双气孔结构、分子以鳞片方式排列，能够吸附茶汤，紫砂壶的高吸水率促使胎体发生变化，并能够散发所泡之茶的清淡气味，同时也是由于胎质的特点，壶盖也有细孔能吸收水蒸气，不致在盖上形成水珠，滴在茶水中搅动茶液，相应的使茶不易发馊和走味。爱壶爱茶之人，一般会有多把壶轮番使用，饮什么茶用什么壶，饮红茶用甲壶，绿茶用乙壶，乌龙茶改用丙壶，严加区别，绝不混淆。

紫砂壶的收藏

2007年故宫博物院以清宫旧藏紫砂为主线，从近400件藏品中精选出110多件（套）具有代表性的作品，主办了“紫泥清韵——故宫博物院藏宜兴紫砂展”。让尘封百年以上的御用高档紫砂器与观赏者见面，展览以清宫旧藏为主线，通过“明代进入宫廷的紫砂器”“清前期宫廷御用茗壶茶具”“名人款宜兴紫砂壶”“清宫旧藏紫砂花盆”“乾隆皇帝茶器”“精致的宫廷紫砂文房用品”等主题，展示了紫砂器特有的文化神韵。

其中的“宫廷紫砂”特指皇帝御用紫砂器，其来源有两个：一是宫廷造办处从江苏宜兴定制，二是由宜兴地方向宫廷进献。制作技艺都属顶级，代表了紫砂陶艺最高的制作水平。业内人士称宫廷紫砂“工艺之精湛，技巧之娴熟，气质之脱俗无人能及，显然高出社会上一般的文人用器，与市井茶肆中流行的大众用品有着天壤之别。”

国内外媒体也经常对紫砂壶进行报道，介绍新作品，介绍紫砂大师和紫砂艺术新人。中央电视台《华夏文明》栏目组拍摄6集紫砂专题片。电视连续剧《紫玉金砂》，热播了40集。众多博物馆和文化部门到宜兴征集紫砂藏品，这些是紫砂文化的魅力，又极大地丰富了紫砂文化。

百姓生活水平逐年提高，艺术品收藏在民间兴起，宜兴紫砂壶是我国传统陶瓷品中的瑰宝，以其独特魅力成为收藏者的追逐对象。宜兴紫砂壶经历几百年风雨，生产规模和市场活跃程度显示了其旺盛的生命力。紫砂壶最初为日用品、民间工艺品，随着文人雅士、达官贵人纷纷竞相收藏把玩，还成了贡品，进入宫廷。紫砂壶在明清时就有“黜银锡及闽豫瓷而尚宜陶”之势，诗云：“宫中艳说大彬壶，海外竞求鸣远碟”。说紫砂壶的繁荣市场。

宜兴紫砂壶能发出茶之色、香、味，且既不夺香，又无熟汤气，有着越宿不馊的优点。这是紫砂壶流行及发展至今的关键。收藏宜兴紫砂壶在明清时期就是文人雅客的嗜好，各个时期名家出品的做工精良之壶，往往呈“泥土与黄金等价”现象，成为藏家竞相追逐对象，近年来则成为投资者的目标。

一把穿越时空的紫砂壶，经历过世事沧桑，携带着时光印记，既带给我们美的享受，还为我们创造了想象的空间。玩壶藏家喜欢集泡茶、品茶、赏壶、玩壶于一身的茶具，作为藏品紫砂壶的销售额约占紫砂壶销售额总量的一半。随着人们生活水平的提高，收藏品市场收藏紫砂壶的热情不减，在收藏紫砂壶群体中，有人喜欢名人名作，有人喜欢古代旧壶，也有收藏者分门别类、专题收藏。除爱好之外，保值增值经济利益也是激发紫砂收藏热的动因之一。每年紫砂壶销售总额高达数亿元。近年来，古代紫砂壶和当代名人作品售价不断刷新，无不说明紫砂壶的价值。

20 世纪 80 年代初，改革开放初期，刚刚步入恢复经济阶段，紫砂壶市场需求量不大，名贵紫砂壶制作量小，市场上统一规格、批量生产的紫砂壶产品居多。这时港台地区紫砂收藏日益兴旺，特别当代名家制作的紫砂壶受青睐，市场价格蒸蒸日上。一些高档紫砂壶逐渐成为收藏品被人收藏，像目前陶艺师和工艺师级别的制壶艺人所制作的紫砂壶，在部分商家的炒作下价格扶摇直上。到 20 世纪 80 年代中后期，东南亚等地出现了紫砂壶收藏热，明清名家的作品升到数十万元。带动国内紫砂壶价格坚挺。1987 年，顾景舟大师作品僧帽壶在香港举办的宜兴紫砂陶艺名作展览会上，以 56000 港元被人购买。此壶重不过 7 两，按照当时价格购买黄金，可达 9 两。人们用金钱为紫砂壶艺投了票。

由于炒作过度，也透支了紫砂壶升值空间，再加受到高额回报诱惑，市场上名家赝品、仿品层出不穷，初入道者往往花大钱买回假壶，紫砂壶市场声誉受影响，市场开始走下坡路，90 年代紫砂壶市价更是每况愈下，形成明

故宫藏宜兴窑紫砂胎描金泥绘烹茶图题乾隆御制诗文执壶

年代：清乾隆（1736 ~ 1705 年）

尺寸：通高 15.8 厘米，口径 5 厘米，足径 5.9 厘米

壶体呈长圆筒形，长弯流，耳形柄，短直颈，溜肩，长腹略鼓，圈足。腹一面饰委角长方形开光，内题乾隆皇帝御制诗《雨中烹茶泛卧游书室有作》；另一饰泥绘烹茶图，画而表现庭院中童仆备茶、送茶情景，图案线条清晰流畅，砂泥呈粉红色，外涂朱红色陶衣。壶附伞形盖，盖顶置圆珠钮，壶腹部装饰画面系用极细的泥浆慢慢堆画而成，画意生动，富有立体感。这种用极细泥浆描绘图案的技法是紫砂技艺的一项创新。

显低谷。

2003 年起，紫砂壶投资价值再度被重视。在瓷器、玉石市场红火带动下，紫砂壶收藏市场回暖，2005 年紫砂壶价格出现攀升势头，显示了紫砂壶市场的勃勃生机。

投资紫砂壶，需从市场需求出发，绝大多数投资者往往也是收藏紫砂壶爱好者，有人收集的紫砂壶品种繁多，但真正具有市场卖点的品种也许并不多。因为紫砂壶种类多，各种流派特点迥异，不仅有古朴素雅型，也有精巧华丽型，或自然随意或规矩工整，特点不尽相同。收藏投资的流行热点颇为重要，了解和认清收藏市场的行情，才能够有针对性地进行投资选择。

选择什么样紫砂壶的作为收藏对象？

首先，名家紫砂壶是首选。紫砂壶制作是一种技术，除讲究泥质、工艺和装饰方式外，制作水平是影响价格的关键因素。名家通常具有高超的技艺，在师承传统的同时往往会不断创新，代表着一种工艺特色和制作流派，历来受文人和藏家重视和青睐。早在明代即有“名手所作一壶重不数两，价重每一二十金，能使土与黄金争价”，清代曾有谚云：“宫中艳说大彬壶，海外竞求鸣远碟”，也是说明名家名壶的价值。投资紫砂壶，经济条件允许的情况下，首选名家所制之壶。

其次，艺术水准反映价格。紫砂壶造型各异，紫砂艺术浓缩了东方文化

特色，它集金石雕塑、书画诗词于一身，其艺术水准可以归纳为形、神、气、态四个要素。形是形式美；神是神韵；气是气质；态是形态，作品的高、低、肥、瘦、刚、柔、繁、简、方、圆的各种姿态，这几个方面贯通一气，才是一件完美的好作品。

第三，具有时代烙印的品种。不少人以“把玩”的眼光进行紫砂壶收藏和投资，不同历史时期紫砂壶往往具有不同的时代烙印，一些具有某段时期代表性的作品，往往在紫砂壶收藏界具有较高地位，也有较高的历史价值和投资价值，如文革时期生产的紫砂壶，主要以泥绘或镌刻革命语录或图案为特征，且在造型与内部结构上也出现了相应的变革。

作为一件实用工艺美术品，它的适用性也重要，使用上的舒适感可以愉悦身心，引起和谐的兴致。因此也要依据饮茶习惯、风俗，有选择地考虑壶体容量，壶嘴出水流畅，壶把端拿省力舒适等等。

投资紫砂壶需要根据名人效应、艺术价值、时代特色和流行趋势等进行综合考量，优中选优既是收藏的真谛，又是市场投资的着眼点。

随着紫砂壶收藏热的兴起，热爱紫砂艺术的人士越来越多。由于名人创作的紫砂壶价格高昂，仿冒名人名作的现象无法避免，金钱的诱惑使得假冒名人名作泛滥成灾。甚至一些小作坊采取假冒名人印章、假冒作品证书、克隆作者照片等手段，制售假冒的名人名作。

识别砂壶的真假，如同鉴定书画，首先从提高理性认识到感性认识，培养自己学识素养，提高审美能力。第二需要多交流、多观赏名家杰作，提高感性认识，了解和掌握名家的风格形制，技巧手法，艺技擅长，印章规格特征等，不断积累经验。

紫砂壶在十九世纪中叶以后至二十世纪初期，也曾出现过一阶段摹仿古代名家作品的热潮。有以名人传器模仿复制的；有凭古玩商人根据史籍记载的品名，构思设计制作等，不一而足。但此类作品，凡仿明代名家类型的壶，往往摹制品比明代传器水平更为优越；至于清初期至中期的几位杰出的大家，如陈鸣远、圣思，邵大亨等的旷代佳作，则正好相反，复制者在神韵方面无法与原作相比。

紫砂壶鉴定与甄别非常重要，甄别方式通常有以下几种：

其一是断代特征。紫砂壶的形状、款式、泥质和技艺，每个时期有其自身的用泥和技术特征，可从重要特征入手进行鉴别。

壶谜购买古壶时，务必对该壶制作历史背景、风格、特色，或制壶者的

习惯、特色详加了解。仅凭外观很容易打眼。近年来古壶行情看好，个别壶商找人将新壶外观处理得跟古壶没两样，面对这些假古壶，唯有从时代背景、特色、造型、落款习惯等方面，仔细辨认，若仅看外观，打眼是大概率事件。

不同时代作品有不同特色。宜兴紫砂壶从明代正德年开始到清末，出现过不少制壶名家。随时代不同，每个时代有每个一时代的作品特色。

如明代制壶只重型制、质地，作品皆为素色无彩。因此，只要壶身加上色彩（一般认为壶身加彩始于清雍正时代），即可确定不是明代古壶。

其次，陈鸣远首开壶盖内用印先河，因此，如果是壶盖内用印的真古壶，保证是陈鸣远（明末清初）以后的作品。

又如清道光年间，名家朱坚首创金属（锡）包壶，并用玉石制作壶嘴、壶把。故如果壶身上镶有锡或包铜时，即表示此壶必然是道光以后的作品。

根据出水孔数辨识。出水孔是指壶内通壶嘴的孔。出水孔数的一孔或多孔，也可作为断定该壶是否为古壶的资料之一。民国以前紫砂壶，不论大小，出水孔基本上都是单一孔，民国以后的大中型壶为防茶叶堵住出水口，影响出水，故大多数改采多孔状。

从壶身情形辨识。明代紫砂壶，一般只在壶底落款，壶身素面无物。到了明天启、崇祯年间，名家陈用卿开始以草书在壶身上落款。在壶身上刻诗书画印，是清代陈曼生所创，后代制壶艺人不断效仿。若壶身上刻有诗文绘

故宫藏宜兴窑紫砂僧帽壶

年代：清（1644 ~ 1911 年）
尺寸：通高 12.2 厘米，口径 6.3 厘米，底径 78 厘米

壶通体呈六方形，口呈僧帽式，颈内收，鸭嘴形流曲柄呈如意状，口沿作莲瓣形。附六方形盖，壶盖隐于口沿之内，盖顶置圆珠钮。砂泥呈紫红色。

僧帽壶因壶口形似藏传佛教僧侣的帽子而得名，流行于明代永乐、宣德时期，清代康熙、雍正时期景德镇御窑皆有仿烧。

画的古壶，是陈曼生时代以后所制。

从落款的甲子年辨识真伪。一般人往往不注意这点，但却是辨识作品真伪的利器。古人重视甲子年表。甲子年是以十天干与十二地支相配而成，六十年循环一次，称为一甲子。明清时代制壶艺人落款时可说完全使用甲子年表示年份。例如时大彬的葵花壶底款为“万历丁酉春”，对照甲子年表可知，万历丁酉年是万历二五年。当然，道高一尺，魔高一丈，制假者也在不断改进制假手段，故没有十分的把握，建议有爱好者不轻易购买。

虽然紫砂壶赝品泛滥，但绝大多数赝品是粗制滥造的，识别较为容易，且这些假货价格低廉，大量属于地摊商品，投资者完全可以选择正宗商家或到拍卖行竞拍，这样更可靠。

〔第二部分〕

海南省博物馆藏紫砂壶鉴赏

摄影◎邱宏鉴

名　称：泰斗壶
制作人：周汝平

名　称：乔顶壶
制作人：张　毅

名　称：金牛壶
制作人：吴亚平

名　称：线韵壶
制作人：蒋惠娟

名　称：匏尊壶
制作人：曹建国

名　称：八瓣华锦壶
制作人：汤　杰

名　称：秀婷壶

制作人：顾　婷

名　称：缘力壶

制作人：刘根林

名　称：窑变斗笠碗

制作人：谈志坚

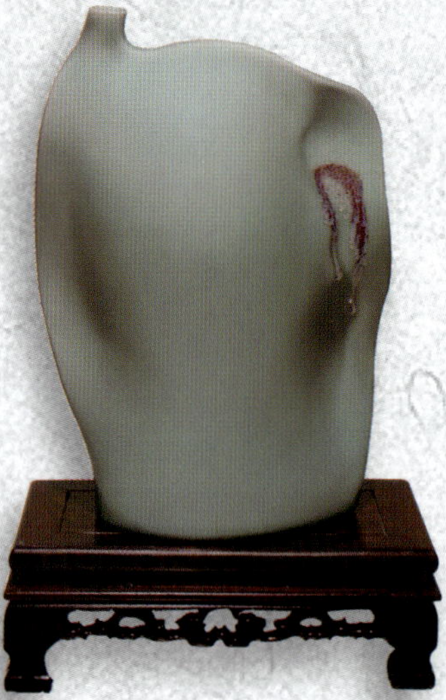

名　称：包容（青瓷）
制作人：谈　珂

名　称：双龙戏珠壶
制作人：曹安祥

名　称：龙权壶
制作人：周庚大

名　称：仿古壶
制作人：宦红娟

名　称：素竹壶
制作人：徐剑芬

名　称：方圆太极壶
制作人：查元康

名　称：菱花壶
制作人：卢伟萍

名　称：混方如意壶
制作人：鲁文琴

名　称：素宇壶
制作人：陈惠红

名　称：扁韵壶
制作人：王福新

名　称：玉璧壶
制作人：史顺强

名　称：方　向
制作人：杭雯霞

名　称：荷塘月色壶
制作人：潘孟华

名　称：双线如意壶
制作人：黄顺达

名　称：镜中花壶
制作人：林靖崧

名　称：合棱壶
制作人：赵志东

名　称：石瓢壶
制作人：王小妹

名　称：半月壶
制作人：戴永坤

名　称：四方亚明壶
制作人：高爱华

名　称：竹韵壶
制作人：高昀婕

名　称：清雅壶
制作人：王继忠

名　称：如意壶
制作人：李锡凤

名　称：高菱花壶
制作人：周卫明

名　称：掇只壶
制作人：房玉兰

名　称：神灯壶
制作人：华晶晶

名　称：自得壶
制作人：夏海燕

名　称：招财进宝壶
制作人：吴　敏

名　称：三足香云壶
制作人：周建明

名　称：线圆壶
制作人：曹璋莲

名　称：宫灯壶
制作人：沈洪汝

名　称：掇球如意壶

制作人：应勤峰

名　称：道洪掇只壶
制作人：朱泽祥

名　称：玉如意壶
制作人：唐黎萍

名　称：绞泥云雀壶
制作人：陈毓庭

名　称：旋律壶
制作人：张　娟

名　称：贡春壶

制作人：张　伟

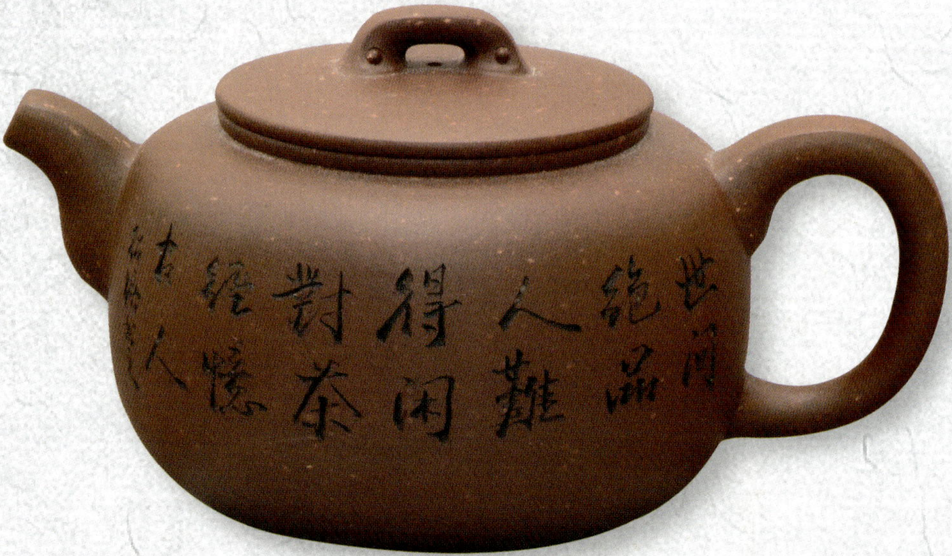

名　称：吉祥如意壶
制作人：贾　维

名　称：称心如意壶

制作人：王凤琴

名　称：三瓣新龙凤壶

制作人：孙立强

名　称：得瓜壶
制作人：黄　璜

名　称：莲子壶
制作人：张晔鹏

名　称：掇只壶
制作人：梁顺超

名　称：仿古代壶
制作人：王秀娟

名　称：海纳百川壶
制作人：嵇锁平

名　称：宫掇壶
制作人：高瑞芳

名　称：翠玉合菱壶
制作人：马莲翠

名　称：韵玉壶
制作人：杨伟倩

名　称：雄影壶
制作人：周华芳

名　称：四蹄菱花壶
制作人：楚翔炜

名　称：有容乃大凤纹壶
制作人：甘惠琴

名　称：汉铎壶
制作人：刘　华

名　称：扭转乾坤壶
制作人：尹燕芳

名　称：亚明四方壶
制作人：孙泽华

名　称：葫芦壶
制作人：周益芳

名　称：井栏壶

制作人：马　建

名　称：秋韵壶
制作人：詹　弘

名　称：清韵壶

制作人：李彦雄

名　称：花开如意壶
制作人：曹秀芬

名　称：葡萄壶

制作人：韩惠琴

名　称：时来运转壶
制作人：徐　燕

名　称：足以清心华颖壶
制作人：戴云燕

名　称：青狮壶
制作人：许　俊

名　称：方山逸士壶
制作人：朱永良

名　称：思故壶
制作人：范彩勤

名　称：石榴花壶
制作人：钱祥芬

名　称：凤　壶

制作人：黄　飞

名　称：高秦权壶
制作人：高　路

名　称：石瓢壶
制作人：杭　峰

名　称：三羊开泰壶
制作人：方华萍

名　称：扁腹壶
制作人：孙明霞

名　称：龙吟壶
制作人：郁伟杰

名　称：翔韵壶
制作人：袁国强

名　称：寿珍掇球壶
制作人：濮　菁

名　称：硕桃壶
制作人：吴燕萍

名　称：虚怀壶

制作人：卢　伟

名　称：瑞祥壶
制作人：崔玲玲

名　称：明艳壶
制作人：庄冬艳

名　称：井栏壶
制作人：章　燕

名　称：四方雄狮壶
制作人：章　树

名　称：玉凤提梁壶
制作人：李　霞

名　称：知足壶
制作人：王新妹

名　称：竹报平安壶
制作人：朱金妹

名　称：紫韵鸿图
制作人：杨雯强

名　称：双龙壶
制作人：赵志刚

名　称：秋韵壶
制作人：许泽琴

名　称：瓜趣壶
制作人：孟　赟

名　称：圣桃壶
制作人：徐锡明

名　称：龙马精神壶
制作人：魏建设

名　称：上新桥壶
制作人：许亦晖

名　称：子冶石瓢壶
制作人：包赛君

名　称：子冶石瓢壶
制作人：欧成成

名　称：宫灯壶
制作人：王建国

名　称：树樱壶
制作人：石　伟

名　称：大彬六方壶
制作人：易善荣

名　称：牛盖石瓢壶

制作人：范正初

名　称：仿古壶
制作人：刘建琴

名　称：百纳壶
制作人：吕卫芳

名　称：合亭壶
制作人：周志伟

名　称：德钟壶
制作人：孙全安

名　称：万寿无疆壶
制作人：范　玲

名　称：石瓢壶
制作人：易　钿

名　称：牛盖井栏壶
制作人：刘世涛

名　称：六方井栏壶

制作人：黄艳平

名　称：龙行天下壶
制作人：蒋建峰

名　称：汉韵壶
制作人：孙宏灿

名　称：如意壶
制作人：蒋　旭

名　称：竹段壶
制作人：谢丽君

名　称：曲　壶
制作人：朱彩虹

名　称：凤鸣壶
制作人：吴　军

名　称：沁泉壶
制作人：曹競方

名　称：凤鸣壶
制作人：佘燕敏

名　称：四方抽角石瓢壶
制作人：殷盛昌

名　称：六方井栏壶
制作人：鲍民军

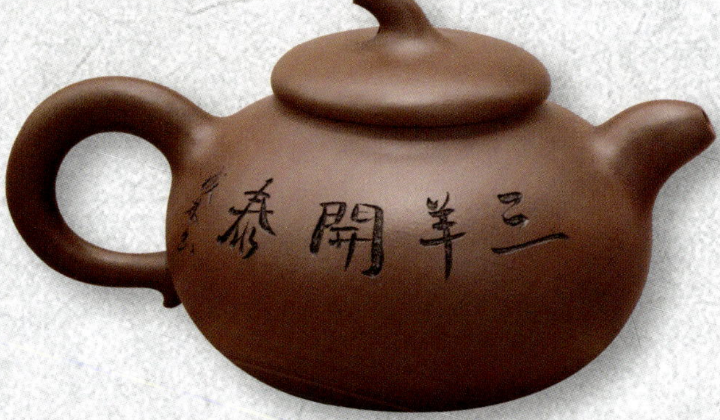

名　称：三羊开泰壶
制作人：汪成林

名　称：上心桥壶
制作人：蒋爱勤

名　称：西施乳壶
制作人：蒋爱勤

名　称：一粒珠壶
制作人：徐爱琴

名　称：聚香壶

制作人：蒋爱萍

名　称：寒梅壶
制作人：吴　云

名　称：扁鹊壶
制作人：陈　俊

名　称：寿桃壶
制作人：陆利华

名　称：石瓢壶
制作人：夏　立

名　称：锦团花簇壶
制作人：史美萍

名　称：荷叶壶
制作人：倪顺金

名　称：事事如意壶

制作人：何其仙

名　称：仿古壶
制作人：杨惠英

名　称：报　春
制作人：潘洪均

名　称：富贵满堂
制作人：吴　吉

名　称：富贵安乐壶
制作人：唐朝花

名　称：福翁壶
制作人：张听金

名　称：祥和壶
制作人：江晓燕

名　称：如意壶
制作人：王云云

名　称：香梅壶
制作人：许文俊

名　称：半月壶
制作人：毛　寅

名　称：古韵壶
制作人：柴绪波

名　称：高风亮节壶
制作人：王亚琴

名　称：貔貅壶
制作人：吴兰君

名　称：金玉满堂均陶

制作人：宗根林

名　称：六方掇球壶
制作人：邢正虎

名　称：菊花壶
制作人：张　伟

名　称：柿圆壶
制作人：高潮龙

名　称：和合壶
制作人：冯　炼

名　称：顺心如意壶
制作人：陈米军

名　称：太阳花壶
制作人：闵　璐

名　称：小石瓢壶
制作人：王旭升

名　称：弧棱壶
制作人：汪超宇

名　称：秦权壶
制作人：袁德波

名　称：子冶石瓢壶
制作人：吴德荣

名　称：玉璧壶
制作人：方小丽（晓丽）

名　称：神韵壶
制作人：高爱春

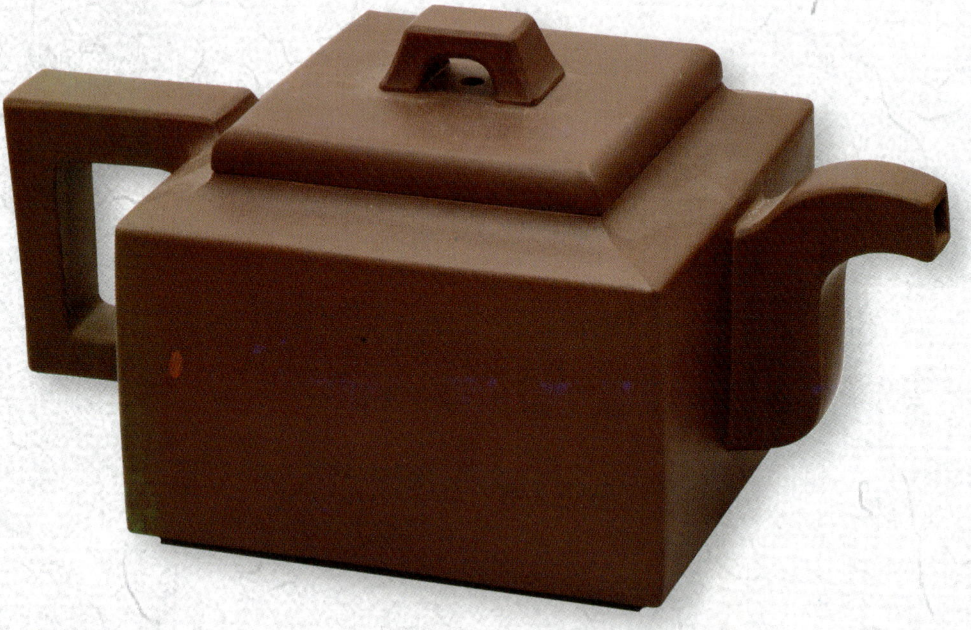

名　称：亚明四方壶
制作人：汪超宇

名　称：矮石瓢壶
制作人：沈菊芳

名　称：扁韵壶
制作人：章　杰

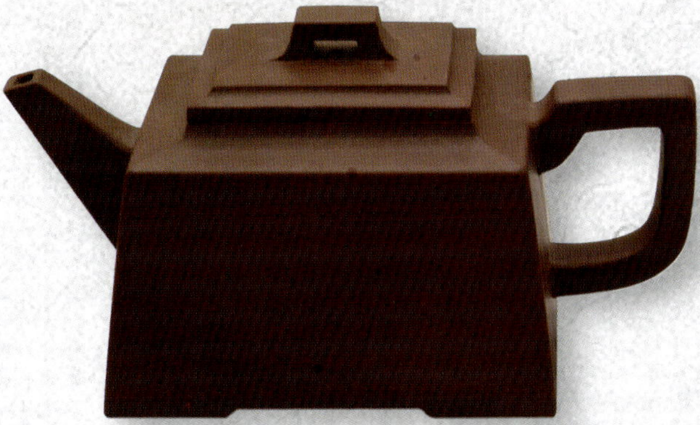

名　称：升方壶
制作人：袁　辉

名　称：龙头八方壶
制作人：高　洁

名　称：思源壶
制作人：高潮龙

名　称：葫芦壶
制作人：邢正虎

名　称：石瓢壶
制作人：冯　炼

名　称：亚明四方壶
制作人：袁　辉

名　称：鱼跃龙门壶
制作人：菊　芳

名　称：定心真言壶
制作人：詹弘